精读华为系列

华为干法

华为干事业的52条细则

考拉看看 著

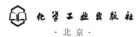

化学工业出版社

·北京·

内容简介

华为是什么？为什么是华为？华为最值得学习的精髓是什么？"精读华为"系列三部作品将帮助读者在纷繁复杂的信息海洋里拨开迷雾，快速精准地解读华为。

本书从最能表达华为特质的8个维度中，提炼出52条细则，这是华为的工作哲学，阐述了华为是怎样干出来的以及在华为如何把工作干好。职场人士将从本书中找到工作方向和技能方法，获得工作指导；管理者将获得带领组织、培养人才的灵感与关键法则；领导者将对组织构建、组织管理产生新的认识。

图书在版编目（CIP）数据

华为干法：华为干事业的52条细则/考拉看看著．—北京：化学工业出版社，2021.10
（"精读华为"系列）
ISBN 978-7-122-39779-9

Ⅰ.①华… Ⅱ.①考… Ⅲ.①通信企业-企业管理-经验-深圳　Ⅳ.①F632.765.3

中国版本图书馆CIP数据核字（2021）第167842号

责任编辑：万忻欣　李军亮　　　　　　装帧设计：王晓宇
责任校对：边　涛

出版发行：化学工业出版社（北京市东城区青年湖南街13号　邮政编码100011）
印　　装：三河市航远印刷有限公司
880mm×1230mm　1/32　印张6$\frac{1}{2}$　字数133千字　2023年5月北京第1版第1次印刷

购书咨询：010-64518888　　　　　　　售后服务：010-64518899
网　　址：http://www.cip.com.cn
凡购买本书，如有缺损质量问题，本社销售中心负责调换。

定　　价：58.00元　　　　　　　　　　　　　　版权所有　违者必究

前言
PREFACE

　　三十年前,中国通信业刚刚起步。当时,近十亿人的市场电话普及率不到百分之一,全球各大通信巨头都瞄准了中国这块肥肉。但由于技术落后,国内没有一家企业可以与外企竞争。即使外企对设备漫天要价,国内仍是供不应求。这时,任正非和几个合伙人,拿着凑来的两万多块,以"中华有为"为寓意,创立了华为。

　　三十年来,华为在艰难中闯荡出一片天地。华为不仅成为国内通信设备行业中的龙头,甚至在国际上也赫赫有名。但挑战仍旧存在,中国品牌国际化之路仍旧充满艰险。2019年,华为被列入美国"实体清单"——冬天再次降临。

　　在华为的历史上,冬天几乎形影相随。即便这家成立于1987年的企业,在1992年实现销售收入过亿,1995年实现销售收入15亿,2019年实现销售收入8588亿,但挑战却从未消失。

一路茁壮成长却又风吹雨打的发展脉络，让华为成为许多人关注的焦点。如果截取华为三十余年发展史上的一面，华为人的工作法则或许是最实用且值得研究的方向。比如，华为如何成长为华为？华为人的工作秘诀是什么？华为的员工为什么具有超强的执行力？华为的狼性精神为什么这么强？

作为分析华为工作方法的书籍，本书精选华为大量案例、任正非本人言论，着重从几个角度进行讲解。

第一，人本原则。华为倡导以人为本，并不只是一句口号。这体现在华为确切地让员工感受到企业并未亏待自己。华为人清楚地知道，自己加入华为，跟随任正非，不是为企业干，而是为自己干。这种角色意识的转换，是许多企业无法做到的。因为当员工将企业当作自己的事业，员工所产生的能量往往不可估量。这背后的根本原因在于，领头人敢于让利。任正非童年时期，全国经济正处困难时期，粮食尤其短缺。为保证家中孩子不被饿死，任正非母亲实行"分餐制"。正是如此，任正非提到："我的不自私是从父母身上学到的，华为之所以这么成功，与我的不自私有一点关系。"

第二，目标法则。外界形容华为人如狼，盯紧目标后总是死不松口。正如任正非倡导学习《致加西亚的信》，华为人身上有着使命必达的职业精神。这种强烈的目标意识，基于华为人清晰明确的行为法则。以目标为导向，倒推工作节奏，是华为人的习惯。德鲁克提出的SMART准则，让任务执行可视化。华为则将该原则应用到了每一个员工的日常工作之中，强调目标在工作中的重要性，同时也为员工提高工作效率提供了一条思路。

第三，自我批判。华为所倡导的精神理念中，自我批判占据的比重很大。华为为何如此强调自我批判？只有从经验教训中不断反思总结的企业，才能在世界企业之林屹立不倒，在逆境中绝处逢生。基于此，华为建立了诸多有关自我批判的制度。比如，360度周边考察，道德遵从委员会等。华为认为，职业麻木如同温水煮青蛙，只有坚持自我批判，才能保持知觉。

第四，执行力。许多企业强调执行力，但是少有企业员工能将执行力贯彻得如华为人这般彻底。探索华为员工执行力背后的秘密，有许多法则可循。比如，做好时间管理，强化执行力。时间管理可拆分为：避免重复工作、追踪工作时间消费情况、清楚工作目标、四象限法则、80/20法则等。对职场人士而言，这些方法具有普遍可借鉴性。

第五，组织奋斗。华为的团队战斗力首屈一指，其团队建设严格遵循这样一个工作原则：不过分夸大团队作用，不故意贬低个人的能量。华为强调团队精神的基础上，也强调每一位员工的自我表达。华为认为，一个好的团队，仿佛人的五根手指，只有握紧、抱成一团，才能发挥出很大的作用。在飞速变化的当下，只有依靠集体的力量，才有可能摸得到时代的脚。

第六，沟通原则。华为新员工刚入职时，会收到一本沟通培训手册。手册上详细地讲述了有关团队沟通的问题，如沟通的含义、沟通的作用、沟通的技巧和沟通的种类等，目的就在于培养员工基础的沟通能力，避免员工在工作中出现对接障碍。为保证沟通的通畅，华为专门设置了Open day（开放日，一种开放沟通的机制），并严格遵循"不分级别、一对一、严格保证私密"的原则进行沟通。此外，心声社区还给予了员工表达自我的机会。

第七，内生动力。学习力一直是华为发展的内生动力。在强烈的忧患意识下，华为全力保持组织和员工的学习力，调动内外资源进行全方位深度学习，以求自我打破，跳出"能力陷阱"，从而激发每一个组织细胞的活力。

第八，文化认同。历史走至今日，彰显出强大的生命力的归属文化。文化可以跨越时间的洪流，超越空间的局限，始终发挥着重要影响。对企业发展而言，文化亦有着举足轻重的重要作用。但对许多企业而言，文化始终像是一层轻纱，不过几句口号。如何让文化落地，华为具有实际可操作的方法。比如，在新人培训期间，用5～7天植入文化基因。同时设置题目考核，如给出一张照片，让员工阐释华为的文化与价值观等。

最后，我们仍旧要说明创作本书的目的，是给予读者更好的工作法则指导。但具体如何使用，需要结合实际考量。尽信书不如无书，只有坚持从实际出发，方法论的指导才具有现实意义。

考拉看看

目录
CONTENTS

001	**第一章** **目标：** 将枪口瞄准猎物	1. 让指令清晰 2. 找准参照物 3. 先瞄准，再开枪 4. 做好长期规划 5. 任务计划可视化 6. 鲜花要插在牛粪上	/ 002 / 007 / 010 / 013 / 016 / 019
025	**第二章** **批判：** 消解职业麻木	7. 华为的冬天 8. 丑陋的华为人 9. 总裁错了也得道歉 10. 扒掉"外衣" 11. 越早犯错越好 12. 从泥坑爬出来的是圣人 13. 谁也别想"安生" 14. 陷入平衡等于走近死亡	/ 026 / 028 / 031 / 035 / 038 / 041 / 045 / 048

第三章 执行：绝对行动力 053

- 15. 越放任越拖延 / 054
- 16. 成为时间管理大师 / 059
- 17. 慢一点会更快 / 062
- 18. 拒绝差不多先生 / 065
- 19. 干一行，爱一行，专一行 / 068
- 20. 两人的工作一人担 / 072
- 21. 执行力制度化 / 075

第四章 人本：以奋斗者为本 079

- 22. 七分靠实践，三分靠帮学 / 080
- 23. 建立多重赛道 / 083
- 24. 以奋斗者为本 / 086
- 25. 付出就有回报 / 089
- 26. 关怀要去形式主义 / 092
- 27. 奖励讲究仪式感 / 096
- 28. 绝不能踩红线 / 100

第五章 团结：狼狈为"坚" 105

- 29. 团结一切可以团结的人 / 106
- 30. 是狼，更是狼群 / 112
- 31. 把同事当客户 / 115
- 32. 最优秀的人培养更优秀的人 / 117
- 33. 到最艰苦的地方去 / 121
- 34. 一口咬下去得见血 / 125
- 35. 集中火力打一堵围墙 / 128
- 36. 工作也要"可持续发展" / 132

第六章 沟通：打破信息壁垒 — 135

- 37. 请好好说话 / 136
- 38. 不开没有目的的会 / 141
- 39. 吐槽总裁也没关系 / 144
- 40. 秘书要善解人意 / 146
- 41. 开放日（Open day） / 150
- 42. 合理化建议 / 154
- 43. 学会"再确认" / 158
- 44. 利益关联方更好沟通 / 161

第七章 内生：学习是唯一解 — 165

- 45. 兴趣是最好的老师 / 166
- 46. 组织助力学习 / 168
- 47. 建立文档思维 / 170
- 48. 走出能力陷阱 / 172

第八章 文化：精神堡垒要稳固 — 177

- 49. 唯有文化生生不息 / 178
- 50. 让文化落地 / 182
- 51. 从中国走向世界 / 186
- 52. 同一个华为 / 189

后记 — 195

华为干法：
华为干事业的
52条细则

HUAWEI

第一章

目 标：
将枪口瞄准猎物

一个正确的目标引导，是行动具备价值的前提，更是任务成功的关键。目标的缺失或混乱，往往会导致行为的错乱。对企业和员工而言，这都是致命的打击。

但仅仅有一个目标是不够的，还需要通过关键措施保障目标得以实现。以目标为导向，倒推工作安排，是华为人的习惯。那么，华为如何以目标为导向，以保障目标的实现？本章将揭晓答案。

1. 让指令清晰

1954年，彼得·德鲁克在《管理的实践》中首次提出了SMART目标管理方案。SMART拆分开来，S是指Specific（要具体），M是指Measurable（可衡量），A是指Actionable（可实现），R是指Realistic（结果导向），T是指Time-based（时间限定）。德鲁克希望利用SMART原则使管理者更高效地完成企业管理。华为则将该原则应用到了每一个员工的日常工

华 为 干 法：
华为干事业的52条细则

作之中，强调目标在工作中的重要性，同时也为员工提高工作效率提供了一条思路。

Specific（要具体）

设定的目标必须用具体的语言说明，切忌模棱两可、模糊不清。如果目标不能被清晰描述，自然就不能被具体衡量。若不能被具体衡量，那就无法实行有效措施。最终，目标只是空话。

任何企业都是一步一个脚印逐步发展而来的，华为也不例外。专注每一个小目标，走实每一个小步子，最终才会走到所有人前面。这里的小目标，就是具体详细的目标。

比如华为研发部门的目标是要研发出一个好产品。那什么是好产品？这样一个模糊的概念不适用于描述具体目标，因为定义一个好产品有许多不同的层面：市场销售额、用户满意度、行业内部评价等。相应地，可以将具体要求融入目标之中，形成一个清晰化的指令。指令清晰化，操作才可执行。

华为成立初期，常有员工因目标不够清晰造成任务延期。了解具体情况后，华为计划部联合其他相关部门对公司各部门员工的工作目标进行具体规划。首先，明确各部门在公司整体目标中所占的比重。其次，细化部门和员工的责任目标。最后，将任务细化至员工时间上。如此，层层推进，具象目标,使得华为整体工作质量得到提高。

Measurable（可衡量）

可衡量指企业制定的任何一个目标,从上至下都有可衡量的标准。这意味着,要有明确清晰的数据来衡量目标是否达成。

如果定制的目标缺乏一个衡量标准,目标实现与否就无法判断。正如平衡积分卡的创立者罗伯特与诺顿认为,没有衡量,就没有管理。具体而言,要求目标可衡量基于这样一个事实:不同的人对于同一个问题有不同的要求。比如上级要求"在市场销售额方面取得进步",有关进步,有人觉得这次的销售额比上次高1%就是进步,而有人觉得必须超过5%才算进步。这就是个体对目标所产生的分歧。主要原因就在于在目标定制过程中,没有一个可衡量的分析数据。对此,应将其改为"市场销售额方面同比去年增长5%"。有数据量化,才能明确判断目标是否达成。

华为在研发、改善天线的过程中,曾提出给天线"瘦身"的目标。但怎样算"瘦身"?该部门在设定目标时,明确定下天线罩重量减少1/3,天线厚度降低1/3,并以这两个目标为起点,成立了两个不同的攻关组。在执行过程中,攻关组首先在优化结构布局上大下功夫,发现只依靠结构布局无法实现三分之一的目标。随后小组又将目光转向新技术，在此基础之上不断地试错，最终达成目标，获得市场广泛认可。

值得一提的是，并非所有目标都能以数据量化。因此，华为又提出一项原则——能量化的量化，不能量化的细化。量化通常需要经过严格的数据考证，以衡量工作是否达标。而且量化常常需要考虑时间、数量、质量三个指标，但有些目标难以量化，比如价值观等比较"虚"的内容，便采取细化方式，拆分几个关键点作为考量标准。

Actionable（可实现）

制定目标时，必须考虑的重点要素是可执行。如果目标不能具备可执行性，目标设立将毫无意义。这就是SMART标准的第三项要求，即制定的目标，必须具有可实现性。

这里的可实现性可以理解为合适的目标。当目标过大，脱离公司实际，容易打击员工积极性。当目标过小，毫无挑战性，就会让员工失去战斗力。合适的目标，是助推企业和员工成长的兴奋剂。

如何衡量目标是否合适？当企业制定目标后，要衡量是否符合当前实际。当目标分解到每个部门时，部门也需要研究目标是否可行。从上至下，以此类推。

华为员工制定目标之前，总是会先进行调查，同时做好可行性研究，了解目标工作的难度，了解目标是否能够完成，所以在华为很少听到一些不切实际的目标。在华为人眼中，目标并不是越大越好，也不是越高越好，任何完不成的目标，不仅会成为负担，还会熄灭华为人工作的热情。正是如此，任正非曾说自己几乎不思考太过长远的理想，他想的只是未来两年要做的事。

Realistic（结果导向）

企业的一切考核标准，通常都以结果为最终评判标准。一般而言，企业都强调个人绩效要以工作成果为依据，无论个人还是组织都要在规定时间内完成工作任务。这也是华为所说的"言必行，行必果"。

德鲁克曾说，所有人的意志、行为都必须指向一个结果。以绩效考核为例，华为遵循实用主义原则，采取结果导向考核员工。华为最让人诟病的是"加班文化"，但加班并不等于功劳，不能与绩效混为一谈。任正非不止一次谈过，华为对员工的评价，从来都是看最后的结果，而不是看加班加点的"苦劳"。

以结果作为员工工作的评价标准，一方面可以激励员工创造价值，另一方面可以避免员工无意义工作。更广泛的层面则是，结果导向可以在公司内部形成简单氛围——一切朝着目标进发。

华 为 干 法：
华 为 干 事 业 的 5 2 条 细 则

☐ Time-based（时间限定）

目标必须具有明确的完成期限，即一个目标只有在一定的时间内达成才有意义。一方面，没有时间限制的目标没有办法考核，或带来考核的不公。另一方面，上下级之间对目标轻重缓急的认识程度不同，上司着急，但下属不知道，到头来上司暴跳如雷，下属又觉得委屈。这种没有明确的时间限定的方式既伤害工作关系，又削弱下属的工作热情。

在此基础之上，华为对员工提出新要求：将一个目标按节点划分成许多阶段性的小目标。将目标分解，再逐一去完成，更有利于激励自己追求目标。

要做到这一点，目标设置要有时间限制。员工应当根据工作任务的权重、事情的轻重缓急，拟定出完成目标项目的时间要求。同时，要定期检查项目的完成进度，及时掌握项目进展的变化情况，以便进行工作汇报，让上司了解具体情况。

2. 找准参照物

一个人没有标杆，会缺少奋斗劲头；一个企业没有标杆，也很难有发展动力。世界竞争的本质是丛林之争。人和企业，都要有点好胜心，眼睛盯着林子里最高的那棵树，努力生长超过它,才不会在大风到来时,因为根基不稳先被刮倒。

华为深谙标杆的重要性,提倡多角度对标,不仅鼓励员工之间相互"眼红",还容忍员工站在华为山头看小米风景的"不忠"行为,甚至允许员工向别的企业以及客户"偷师学艺"。总之,华为尽可能以一切力量鞭策员工向目标对象学习。学完以后,华为自己成了行业的标杆。

华为教导新员工时,会非常强调对标的意义。因为在华为这样一个人才济济的企业,强中自有强中手的情况数不胜数。工作中随便一位同事,可能都是经验丰富的大佬。在脑海里树立"三人行必有我师"的理念,才能不断精进业务。

华为刚崛起之时,任正非就说过一句话:"华为要做中国的IBM!"IBM的计算机硬件业务那时正如日中天,员工听到这句话下巴都惊掉了。华为是什么体量?IBM又是什么体量?老板恐怕是糊涂了,才敢口出狂言!

或许这就是基因,华为一直是一个很敢看齐竞争对手的企业。20世纪90年代,华为凭借一股冲劲,一一打败了上海贝尔、朗讯、爱立信、西门子等强大的竞争对手。2007年,华为又对标苹果开始了手机终端业务。学强则强,以苹果为看齐对象,华为也在高端手机市场闯出了生路。2012年随着终端业务布局扩宽,华为将荣耀独立为自行运营的品牌,开始了一段和小米的"相爱相杀"。

当时小米依靠互联网销售风头正劲。可以说,荣耀的出现,本就是为了在线上渠道"狙击"小米。从最早荣耀独立

华 为 干 法:
华 为 干 事 业 的 5 2 条 细 则

的时候,各种宣传活动上如何紧贴小米的操作,米粉海军们都是如数家珍。

不少人觉得这是华为"黑料",但是从企业战略的角度来说,不知道怎么走的时候,紧跟竞争对手的步伐至少不是错误的选择。华为对标最核心的工作就是:对标的对象做了什么,我们就要做什么。对标的对象怎么做的,我们就要怎么做。后来,随着荣耀销售渠道的拓展,以及荣耀在销量上对小米实现的反超,使得小米不再是荣耀的标杆,反倒是荣耀成为小米的标杆。

华为不仅提倡员工内部之间要对标、向同行业优秀者要看齐,而且还把对标对象扩充到了全行业。

海底捞以"顾客就是上帝"的优质服务著称,华为IT热线服务部门员工在海底捞学习体验以后,对标总结出了几条优化IT热线服务的思考。比如,IT热线的员工要学海底捞的服务员,时刻保持着饱满的服务热情。

华为最要学的,是海底捞用"打麻将"的精神服务顾客。工作不能相互推诿,要用麻将掉在地下了,离得最近的人弯腰去捡麻将的精神工作。不能各自为政,被流程、考核的框框束缚,任何人都要主动提供服务,不管算不算自己的KPI。

细节中见文章。海底捞服务员不仅态度热情,还提供了诸如围裙、手机支架、发圈等辅助工具,从小处给顾客提供优质的服务。从IT热线来看,也要从细节着手,巧妙提高客户感受。还需借鉴海底捞的是,建立符合业务需求的支撑工

第 一 章

目 标: 将枪口瞄准猎物

具，使热线的服务水平有质的提升。

除了某一行的龙头企业，客户也是华为对标学习的对象。华为员工在欧洲拓展业务时，深感英国客户对服务的高要求，非常规范化和职业化。因为英国的人力成本很高，所以工作效率也极其高。和客户开完会，开车回办公室的功夫，客户那边就把会议纪要整理出来了。客户善于利用时间，并且一定是今日事今日毕。

和日本运营商KDDI合作时，KDDI的细致程度和严谨性同样让华为人受益匪浅。经过历时一年半的三次审核，KDDI才完全信任华为。其严谨程度，让华为的工程师既担心又汗颜。

和国外百年企业来比，华为还很年轻，像一个"后生"。华为也一直以"后生"的谦逊姿态自居。这也是华为始终进步的动力。

3. 先瞄准，再开枪

《孙子兵法》云："谋定而后动，知之而有得。"行动之前先定好目标，行动才有指向性。任正非说："先瞄准目标，再开枪。"知道枪口往哪里指，才能提高击中目标的可能性。

有目标不盲，说容易，做却不容易。华为创业初期，为了在夹缝中生存，每个人都拼命干活，但都是摸着石头过河，无头苍蝇一样做"布朗运动"。经过调查,华为高层管理人员发现华为员工在工作中,有不少都只是被动的任务接收者,在接到任务后不加思考,便开始埋头苦干。他们往往缺乏目标指向,不清楚何时应该完成什么样的任务,怎样快速高效地完成任务。在完成任务的过程中会偏离甚至改变整体路线,所以结果往往不尽如人意。

针对这种情况,任正非痛定思痛,提出永远不能"先干起来再说"。一切行动都必须以目标为导向。华为自新员工培训之时,就要求员工在行动之前一定要问自己五件事:做什么?如何做?做多少?在哪儿做?为什么做?只有明确这五点,才能提高工作效率,保证任务的顺利进行。

凡事预则立,不预则废。工作正如打猎,在行动之前首先明确狩猎目标,然后再根据目标,设计、规划一套合理的捕猎计划,才能成功狩猎。华为对每个员工提出了这样一个要求:在工作前,员工必须提供明确的工作目标及完整的工作计划。目标要具有明确的指向性与强引导性,这样才能够正确引导员工工作。一般来说,没有目的的工作,对个人工作状态有很大的影响。

忙要忙对方向,工作目标明确,才能有的放矢。作为通信行业的后进入者,任正非多次在华为强调"先瞄准目标,再开枪"的重要性。华为全力开拓市场,追逐客户时,从来都没蛮干、苦干,而是采取有目的、有准备、有策略的方式进行。

具体而言,首先要依据自身实力确定基本目标,同时拔高一层,制定挑战性目标,然后再按照挑战性目标制定项目方案。华为人通过这种方式,不仅能保证成功的概率,也能避免发生劳而无功的情况。2012年10月,华为就以目标为导向,创造了香港和记❶6周1000个站点的交付奇迹。

2012年9月,iPhone5宣布在香港首发。香港和记子网在香港的iPhone合约用户占有率极高,希望在最短时间内完成LTE1800M网络部署并通过认证,好对新手机业务进行商业拓展。

当时,华为刚与和记经过漫长谈判,达成合作,要在12月底完成500个站点的交付任务。因为新手机的发布,和记将交付时间从12月底变成11月底,再变成10月底。最后任务变为10月中旬与10月底分别交付500站点。

项目只有6周时间,要交付1000个站点,根本没有爬坡期。华为一线项目组等代表迅速到香港与和记沟通,承诺一切以和记的商业成功为目标导向。

从目标倒推工作安排,项目组把一天变成三天用——将24小时分成3个时间段,再按照8小时一班实施周期排班,同时按照高峰期每天40~50站的目标完成任务。确保在6周时间内,完成这个"不可能"的任务。

因为项目组前期就与和记合作,所以具有一定合作经验。再加上对网络比较熟悉,项目组很快梳理出了明确而细致的关键路径,并通过地区部和机关协调到了东南亚地区部、马

---

❶ 长江实业旗下的和记电讯。

来西亚GSRC等6个地区超过20名一线工程师和项目经理前来助阵。

因为目标路径足够清晰，整个项目中，项目组成员忙而不乱，有条不紊地推进工作。最终在2012年10月底，完成了1000个站点的交付，并新建出一张基本覆盖香港所有核心区域的LTE1800M网络。和记对华为的成果赞不绝口，马上申请通过认证，抢占了11月的机会窗，在后来两个月内4G用户增长100倍，达到了预期的商业目标。

华为紧盯目标，帮助客户打赢了漂亮的一仗。6周交付1000个站点，也成为华为交付史上的一项难以跨越的成就。

4. 做好长期规划

科技公司必须掌握更多技术创新，才能长久生存和发展。在市场形势日新月异的情况下，华为要想保持头部地位，走在时代发展前端，只有未雨绸缪，着人先鞭。这也对华为的员工提出了更高的要求：不得不比其他人想得更多，看得更远，才能适应公司的发展速度和发展需要。因此，如何做好长期规划，也成为每一位员工在华为工作期间的重中之重。

华为有很多破釜沉舟的"救火"案例，比如7天连赶项目完成客户紧急需求、14天建上百个基站等等。虽然数据看

第 一 章

目 标： 将枪口瞄准猎物

得人热血沸腾，但局中人知道，那也实在是火烧眉毛，没有办法的办法。华为人不能回回都当消防员搞突击，拿客户的信任和公司的利益冒险。平稳长远地铺好业务，显然是保障工作顺利推进的更好方式。

一般来说，从了解客户需求到交付，华为往往只有3个月时间。华为需求管理流程自有一套体系，起点通常是：销售代表将客户拓展业务的需求提交到华为需求处理流程。十天内，客户需求会传输给市场部。经过市场部指定需求代表对需求进行审核分析，再传到华为研发、用服等部门，结束时需求会转交到IPD（产品集成开发）流程，最后才会将一套需求提交给已经立项的PDT（产品开发团队）。

因为走流程太麻烦，一些需求提交人试图绕过已有的流程，直接向PDT提交需求，希望更快满足客户需要。但是经验和教训表明，所有接受绕过流程所提交需求的PDT中，80%的发货期比原计划要晚。所以，流程路径不能省，磨刀不误砍柴工。

不过一套流程走下来，时间也差不多去掉了1/9。这些需求又几乎都是客户最迫切的短期需求，时间紧，任务重，执行起来每每都像在和时间打仗。华为短期需求的产品项目很多，轻重缓急一路排下来，很容易导致一些产品延误发货。与销售代表承诺的发货期相比，客户要等待更长的时间。

华为员工也不是铁打的。完成度不高的项目不敢拿出手，要想拿得出手，3个月时间又太勉强。这样难免拖延交付时间，

华 为 干 法 ：
华 为 干 事 业 的 5 2 条 细 则

降低客户满意度。

所谓兵马未动粮草先行。为更好地满足客户的未来需求，及时交付产品，华为员工启动了"从短期响应到长期规划"的转型，化被动接收到主动了解，提前从客户那里搜集长期需求。

比如，华为召开一场客户交流会，邀请熟悉度较高的合作客户参加。交流会上，并不会向客户展示任何成熟产品。取而代之的是一种产品初步的样机，或者是对某种产品的描述。客户看到华为营造出的这种概念后，多少都有自己的想法。华为会提前从客户那里搜集需求信息和现场样机的反馈信息，避免后续执行工作大面积返工。因为在第一行代码或第一个零部件生产之前更改需求，比产品已经完成再去更改要容易得多。

当客户还有新的需求出现时，PDT就针对性地创建新需求，增加到产品的基线中去。他们使用更改控制流程，将这些新的需求添加到需求管理数据库中。如果客户对某种需求态度转变，PDT则可以从产品基线中去掉一些相关需求。掌握客户相应的需求以后，华为就可以启动产品开发。最终，华为可以按时开发和交付满足客户需要的产品。

华为在这三十多年的发展道路上，之所以能一步步走向世界前列，始终保持着自己的领先地位，一个关键因素在于提前谋划布局。华为认为，自己不是听从市场指挥的参与者，而是行业的规划者。

第 一 章

目 标： 将枪口瞄准猎物

5. 任务计划可视化

任务计划可视化的提出，是基于一个职场普遍存在的现象——多数人自认为对工作目标心中有数，没必要详细记录，更没必要为之制定工作计划。但实际工作过程中，遗漏造成了许多工作疏漏。因此，一份可视化的任务计划显得尤为重要。

华为要求每个员工目标明确，将自己的目标量化、数字化。例如：销售1年销量1000万营业额，具体到一个明确的数字，而不是我的销量要高一点。作为技术人员怎么设定目标呢？例如：从初级达到高级，要学会哪些技能。

实现目标要有一个明确的数据，根据这组数据可进行定期的追踪，以衡量目标距离达成还需要多少时间。同时也可倒推为实现这个目标，每天工作需要进行哪些努力。例如：1年要实现5000万营业额，那平均每个月销售多少才能达成目标？

华为要求员工任务计划可视化，具体表现在员工要对下一阶段工作内容进行细化并记录。这就是所谓的工作清单或任务清单。面对工作清单，华为人形成了具体的行为规范。

第一步，收集任务构建工作清单。正式开始工作之前，需要先罗列手头上有哪些任务，各种任务当前进度状况。在华为，多数员工都养成了一个习惯——随手记录，并标明日期。比如，与客户通电话后，员工会随手记录通话重点，并注明时间。这是一个非常简单的行为，但是在实际工作中可以很大程度上避免工作遗漏。

第二步，整理任务清单，区分任务差别。比如，哪些是紧急任务，哪些可以适当延后，逐一进行区别标记。通常而言，华为人整理任务清单需要遵循三大基本原则。其一，每次坚持从最上面的一项工作开始处理，尽力逐一处理每一个任务。其二，坚持集中精力一次只处理一件事情。其三，开始处理任务时，应当马上判断该项任务的实质以及处理方式，避免二次处理造成时间浪费。

第三步，管理任务清单。把任务和具体目标挂钩；分解任务；给任务设定截止日期；把手头任务限定在7个以内，不包括快速解决掉的小事情。预估任务完成所需要的时间，时间预估得越准确，生产效率和对工作的控制度越高。列举任务时，用动词开头。例如：启动某某改善会议。

第四步，回顾与检查。华为每位员工都要配备EXCEL日记本，用来记录当日所做事宜。每周和每月需要对该工作日记本进行回顾整理和规划，按照目标类别进行总结，主要是记录自己各项任务的完成情况。同时，还要针对每项任务所花费的时间进行跟踪，最后思考是否存在不足之处以及可优化之处。

第五步，开始行动。因为前面已经有时间规定，同时已经排好任务完成顺序，按照任务清单进行即可。

一定程度上，任务看板是更大范围的任务清单，也是华

第 一 章

目 标： 将枪口瞄准猎物

为员工集体执行任务时必不可少的关键武器。任务看板看似只是一个任务简单的流程体现,但是对目标管理却很有作用。尤其在团队协作中,可视化的任务看板可以让团队成员清楚当前项目进度,分享任务状态,共同促进任务完成。

一个典型案例是华为敏捷项目管理流程的开发中,Scrum Master是开发阶段的重点。因此开发团队必须相互协作,避免失误。由此,团队采取分工合作完成任务,同时配备迭代故事墙推进任务。此处的迭代故事墙,相当于电子版的任务看板。团队成员通过电子任务看板,可了解任务最新信息。此外,任务看板还有一个重要作用——监督员工的工作进度是否达标。一旦出现差错或者未达标,员工可立即进行调整。

与任务可视化紧密相关的是对时间的管理。通常而言,任务清单上会表明该项任务完成的截止日期,这就是对任务实行限时性要求。例如:1年营业额是1000万,每个季度就必须要达到250万。

限时性的目的在于,要求员工懂得分清楚任务的轻重缓急。同时,具体拟定任务的时间要求,并定期检查任务完成的进度。最后,要随时掌握任务的进展变化,以便及时调整计划。

华为驻印度办事处曾举办过一次活动,一位印度籍项目经理向一位中国籍华为员工提到:"我非常佩服你们中国人办事的执着和干劲,但是我建议你们在努力工作的同时,注意聪明地工作。在执行计划前,应该首先做正确的事,然后把事情做正确,这样才能把事情做得更好。"

在管理任务清单时,正确的事通常会被放在清单前列。以

华 为 干 法:
华为干事业的52条细则

每天工作为例，任务清单常按照轻重缓急对其进行排序。

华为员工 Vichall Subhadu 于 2006 年加入华为，因工作出色，他很快被提拔为两个团队的主管。但身兼数职，时间不够，常常造成任务完成缓慢，而他自己也因常常加班而感到非常疲倦。

经过反思，他发现自己在任务清单与时间管理上存在问题。因此，他根据工作的重要性对任务进行排序，同时在每天效率最高的时间段，完成最难的事情。整体实现在最有效的时间，以最有效的方式，完成最重要的事情。如此，以实现事半功倍的效果。

对普通员工而言，任务计划可视化是非常有效的工作法则。借助这一法则，员工可以快速理清思路，提高工作效率，避免丢三落四。任务清单应用到实际中，就等同于写备忘录规范工作流程，安排具体工作时间。同时，根据备忘录逐一清点工作事项，能使工作井井有条。

总体而言，任务清单的制定是为了使得目标管理更加简便清晰，最终促使目标达成。这一工作法则不仅适用于领导层，也同样适用于每位职场人士。

6. 鲜花要插在牛粪上

鲜花插在牛粪上，形容貌美女子与庸俗男子的结合。但

第 一 章

目 标： 将枪口瞄准猎物

在华为，这一概念被赋予了全新的意义，即基于华为本身的传统去开放创新，而不是离开传统盲目创新，创新的成果落地后，又成为新的"牛粪"，为下一次创新做准备。简单理解就是小碎步前进，不要好高骛远、三心二意。这是任正非的一贯主张。实际上，华为这些年始终坚持的战略，便是基于"鲜花插在牛粪上"的战略。

将"鲜花插在牛粪上"进行拆解，有三层意义。

其一，立足实际，制定目标。

以云平台为例，华为强调必须落在实处，于是选择绑定电信运营商去创新，否则云平台就无法生存。这一行为有一个前提，华为云平台、云应用的目标制定，都基于电信运营商的需求。同时，任正非提到，与从IT走入云的厂家有所不同，华为做的云可以让电信运营商马上使用。目标基于需求，产品用于实际。这一切都是目标制定、行为发生的合理逻辑。

实际上，2003年之前，华为做产品并非遵循这一逻辑。那时，华为只管自己做，做完便向客户推销。在供小于求的时代，客户需求旺盛，市场上有什么产品客户就买什么，因此"埋头苦干"的方式可行。但随着科技的进步，供求关系慢慢发生了转变。华为也相应调整了自己的行为方式。

华为所处的通信行业属于投资类市场，客户购买供应商的产品和服务是为了获取长期的收益和回报。因此，客户对供应商的产品质量、服务质量、产品成本及对客户需求的满足度都有严格要求。了解客户需求，成为企业生产发展必不可少的选择。

华 为 干 法：
华 为 干 事 业 的 5 2 条 细 则

与此同时，以客户的需求为导向，自然要研究客户的基本需求，把握其中的关键要素。如果把客户的想法未经归纳整理，直接拿来作为目标方向，产品往往会做不稳。所以华为提倡"去粗取精、去伪存真、由此及彼、由表及里"的方法，对客户需求进行识别和筛选，以此来寻找对于客户和华为都有价值的需求。

基于这一现实条件，华为开始制定企业内部目标——强化客户服务。服务是一个比较"虚"的概念，但华为有其落到实处的方式。为了培养、传播和强化这种理念，华为将客户服务当成干部选拔和考核的一个重要标准。具体而言，公司将客户满意度当成一个重要的考核指标，无论是总裁，还是各级干部，都要对客户负责，也都要纳入考核体系中。

其二，拆分目标，逐个攻破。

企业围绕组织整体制定目标后，需要将其细化到各个部门。同时，部门需要将领到的目标细化给各个项目组，而项目组又要将任务划分给员工个体。每一次细分目标，都需要将目标当作一个整体看待。否则，容易出现目标脱节的情况。即个体并不清楚自身所做的工作对公司整体目标有何意义。这容易造成个体认知缺位，行为意识懒散。相反，如果个体清晰从上至下，各个目标环环相扣，其行为动力将被大大激发，公司整体目标实现的可能性也就越大。

华为分解目标时，制定了三点准则。第一，分目标必须与组织整体目标方向保持一致。第二，各个分目标在内容和时间上相互协调，实现同步发展。第三，分目标要规定具体

第 一 章

目 标 ： 将 枪 口 瞄 准 猎 物

目标值和完成时限。

此外,目标拆解还必须做到"术业有专攻"。对此,一位员工在《华为人》报纸上举了一个简单例子。在一个产品线中,IPMT的职责就是关注产品线的投资组合管理和商业成功,PDT经理的职责就是对产品的市场成功负责,开发外围组就对技术的合格负责。即每个层面都应该是自身岗位的内行,但可以是其他岗位的外行。在目标拆解下,专业的人干专业的事,同时保持足够流畅的沟通对接,最终才能完美完成任务。

不过,保持足够流畅的沟通,又对任务前后环节的员工提出了一个新要求,即这二者的知识、技能结构大约有30%的重叠。如果上下两层面人员的知识、技能重叠性过大,很有可能是岗位设计不合理,或者是人员技能不匹配。

在这个案例中,目标拆解与人员的专业关联度较大。这是不容忽视的事实,因为目标拆解必须基于前文所说的实际状况。拆解后,指定任务也必须考量执行人员的实际状况。即是否具备足够的专业技能,是否可以胜任相应的任务等。

其三,回归理性,避免多目标之失。

目标要一个个完成,好高骛远制定多个目标,常常会让人陷入"四顾茫然"、不知如何下手的局面。华为三十多年来,一直保持高度专注的精神,将主业聚焦在一点上不断钻研,终成行业引领者。但是最初确定将主业聚焦在通信行业时,任正非遭到了许多人的反对。在任正非的坚持下,华为才最终明确这一目标,采取"调整业务体系,剥离非核心业

华 为 干 法:
华 为 干 事 业 的 5 2 条 细 则

务，建立核心竞争能力"的战略。

华为内部有把鸡蛋放在一个篮子里的勇气，也有把主力集中一点猛攻的举措。对员工而言，设定目标同样可遵循这一理念。聚焦主力攻破一点，打开局面后，或许会豁然开朗。但是任何目标的制定，都必须与实际结合。一切从实际出发，实事求是通常是最为根本的目标制定法则，这也是鲜花要插在牛粪上最根本的释义。

第 一 章

目 标： 将枪口瞄准猎物

华为干法：
华为干事业的
52条细则

HUAWEI

第二章

批 判：
消解职业麻木

只有从经验教训中不断总结反思的企业,才能在世界企业之林屹立不倒,在逆境中绝处逢生。

学会反思总结,是每一位华为员工都坚守的工作准则。对每一天、每个月、每一次项目都进行反思总结,是在华为工作的必要要求,是华为人工作的根基,也是华为不断前进的动力。

7. 华为的冬天

2001年,任正非发表了《华为的冬天》讲话,以当年华为管理工作要点为主要内容,呈现出了华为欣欣向荣的发展趋势,但是最后任正非还是抛出了一个结论:"现在是春天吧,但冬天已经不远了,我们在春天与夏天要念着冬天的问题。"那么华为的冬天真的来了吗?

从华为当时的发展历程来看,华为无疑可以被称作成功的企业,但也正是这种成功,让任正非感受到了危险。一路平稳的发展让华为不曾经历过命悬一线的时刻,也让华为开始麻木和迟钝，无法去感知危机，也无法应对危机。

在近百年历史中，可以看到无数商业巨星异军突起、冉冉升起，也可以看到它们转瞬即逝、慢慢陨落。从昨天的叱咤风云到今日的满地黄花，企业的发展如同四季交替一般，从不以人的意志为转移，所以一个企业能做的，就是把每一个明天，都当作企业的冬天。

2001年，任正非前往日本，寻找寒冬时企业的应对之法。当时，日本已经陷入泡沫经济十年之久，在这十年寒冬之中，经济下行，财团倒闭，员工失业。任正非把华为代入到当时日本经济的环境下，不断地追问自己："假如华为身处这样的严冬，我们会如何应对？我们引以为豪的企业文化还会存在吗？企业靠什么生存下来？我们能生存多久？"

虽然这场寒冬发生在日本，但这并不意味着华为将来不会遇到冬天。此次日本之行让任正非深刻地体验到了冬天的残酷，也感到了一个企业在经济规律面前，是多么的渺小与无力。

任正非认为，尽管华为取得了一些成绩，但绝不能为此而自鸣得意，否则很可能在市场大潮中被吞噬。基于此，任正非长期处于警觉状态，带领华为人取得一次又一次辉煌时，仍旧保持一颗冷静而清醒的大脑。

在2003年IT行业的寒冬到来时，华为早已自查自省多年，所以主体构架和人员稳定上并没有出现问题。任正非依靠弃卒保车，选择牺牲非主营业务保障了华为主航道的通畅，渡过难关。

第 二 章

批 判： 消解职业麻木

寒冬之后，华为从上至下的危机意识进一步增强，甚至到了风声鹤唳的地步。连心声社区最热门的帖子之一都是《华为的红旗还能打多久？》，员工的必读书籍中也包含《下一个倒下的会不会是华为》。

一次国际咨询会上，一名英国记者希望任正非谈论一下华为未来10年或者20年的发展规划以及前景，任正非给出了两个字作为回答："坟墓。"因为谁也不知道华为的未来，只有把明天当作最后一天，华为才能活下去。

如《左传》所说："居安思危，思则有备，有备无患。"这一古老的训语几千年来始终适用。任正非喜欢阅读中国历史，而且能够从历史中总结出很多有益于企业管理的道理。任正非认为，企业的冬天，总会在人们不经意间袭来；再者，由于外界环境的不确定性，就注定企业的发展不会是一帆风顺的，而是在不同的阶段遭遇不同的考验。对此，企业只有增强危机意识，才有可能在危机到来时，有更好的应对办法。

8. 丑陋的华为人

当企业快速成长，发展到一定规模时，就容易积累官僚习气重、低效率等大企业弊病。在华为发展历程中，同样受过大企业病困扰。

1998年，华为从11年前的小公司，成长为中国最大的通信设备制造商。规模的快速膨胀，并不完全是好事。这样的发展速度犹如浅滩划大船，看似风平浪静，其实充满危机和压力。掌舵者稍不留神，就是船毁人亡。

华为的担心并不多余。历史证明，许多叱咤风云的大企业，往往是行业的开拓者，但最终倒在了行业变革浪潮中，被后浪挤占了生存的空间。柯达作为数码相机最早的发明者，曾经几乎垄断了一半的市场，但现在行业的领导者却是佳能和索尼；摩托罗拉发明了蜂窝通信，但当所有移动终端在使用这项技术时，市场已经没有摩托罗拉的身影。

更触目惊心的例子在国内。改革开放时，和华为同一批成长起来的企业成千上万。但统计显示，从改革开放到今天，只有20%的企业活了下来，剩下的均倒在了历史的洪流之中。

下一个倒下的，会不会是华为？任正非时常怀有这样的忧患意识。

其实在1998年时，任正非的危机意识就已经很强。在他看来，当时的华为即便"取得产品技术突破"，也经不起任何折腾。别说打遍全世界，就是在家门口也未必有优势。

千里之堤溃于蚁穴。后来的事实证明，任正非的忧虑并非多此一举，而是极其敏锐的判断。为了清除企业规模壮大的弊病，华为开启了一场全员反思和自我批判。

思想批判和组织批判，是华为自我批判的两个基本维度。思想批判针对人和组织的价值观、精神状态和个人及团队是否正向生长；组织批判则是指针对组织制度、流程等硬性结

第 二 章

批 判： 消解职业麻木

构的反思批判。

内部读物《华为人》报纸上，经常刊登一些使人引以为戒的哲学故事。1998年8月28日，《华为人》刊登了一篇名为《闲话傲气》的文章。文章坦诚而幽默地反思了华为人在企业的名气起来以后，渐渐失去谦虚沉稳，用鼻孔看人的嚣张傲气。作为大企业的员工，与有荣焉乃人之常情，但凡事有度，可以有成就感，自我膨胀显然就是为后路埋下隐患。作者在文章中写："公司在壮大，我们的脾气也在增大。于是餐厅里指责后勤的声音从不间断，与外界交往我们常常牛气冲天，望着别人对我们仰羡的神情，自我膨胀的感觉经久不息。"

当时深圳有一些单位，甚至把能与华为人合作作为一种炫耀的资本。谈起华为时就说："连华为我们都做了，您这工作还有什么呢？"华为员工起先以为对方是在夸他们："连华为这么大公司的活，我们都敢接，您这工作还有什么呢？"后来才明白人家话里藏着话，是在如释重负地表明："连那么'刺儿头'的华为人我们都对付了，您这……"

作者还写到："华为名气很大，员工的架子更大。看包场电影，稍不满意就骂人。对物业公司的管理有意见，还面红耳赤地训人'有没有搞错，我是华为的！'凡此种种，令人深思。"

文章刊登后，作者收到很多员工的信件反馈，赞美其"革命义举"。不久后，华为趁热打铁，在《华为人》上推出了新一个栏目叫"丑陋的华为人"，自上而下地推崇自我批判。

编辑部接到许多"丑陋的华为人"的投稿。其中不乏对公司工作效率、工作状态的思考。

还有一些华为员工在投稿中自我检讨:"以前,我也用公司的网络查询过与工作无关的站点,如为小孩找工作,查过中国人才招聘热线等。想起来真是感到羞愧,今后要严格要求,严格管理,人人自律,先从我做起,自觉遵守公司有关规定。"

从这些文字可以看出,华为人的反思精神已经深入骨髓。华为不仅是普通员工乐于自我批判,干部更是将反思和自省作为每日功课。以至于很多年后,有句话流传甚广:"华为干部不要脸(强烈的自我批判精神),员工不要命(忘我的奋斗精神)。"靠着这"不要脸"和"不要命",华为凝聚起一股强大的力量,超越了优秀的对手。

滚滚洪流三十年,时代和市场变幻莫测。华为能活到现在,实属不易,要活到将来,只会更难。

9. 总裁错了也得道歉

华为人的自我批判不是喊空头口号,而是切切实实地直面错误,知错就改。从企业大层面到员工小个体,华为人把犯错看成一种推动力。错误不可怕,有错误却藏着掖着,让

第 二 章
批 判: 消解职业麻木

小伤口溃烂至伤及性命，才可怕。

华为敢于直面错误的经典案例，当属2017年9月7日，华为总裁办发布了一封任正非签发的官方邮件，点名给一名离职员工致歉："回来吧，加西亚，是公司对不起你。"作为中国企业标杆的华为，竟然向一个离职员工公开致歉。这在网络上引起轩然大波。

这件事要从帖子的主角"加西亚"——孔令贤说起。孔令贤，何许人也？在华为心声社区如是介绍：知识青年、技术控，华为进入OpenStack社区第一人，是OpenStack社区运作的核心成员。

孔令贤是一名云计算程序员，因为在技术上有卓越贡献，2014年被华为破格提拔升级为基层主管。职位调整后，孔令贤不仅要懂技术，还要做管理。忠爱技术的孔令贤在岗位逐渐感到迷茫。他发现自己应付复杂人际的时间延长，而琢磨技术的时间明显变少。这降低了他的技术敏感度，不符合他的初衷。所以2015年，孔令贤离开了华为。

任正非为什么会对一个已经离职两年的员工发公开致歉信？首先要说明，在华为，加西亚并不是指具体的某个人，而是一个代名词，代指那些能跋山涉水、有责任心的优秀人才。

华为发出这封官方邮件呼喊加西亚，并不是单纯向孔令贤致歉，而是在对华为留不住人才进行反思。

文中写道："为什么优秀人物在华为成长那么困难？破格三级的人为什么还要离开？我们要依靠什么人来创造价值？

华 为 干 法：
华为干事业的52条细则

为什么会有人容不得英雄？华为还是昨天的华为吗？胜则举杯相庆，败则拼死相救，现在还有吗？有些西方公司也曾有过灿烂的过去。华为的文化难道不应回到初心吗？"

华为能向员工公开道歉，足见其广阔胸怀和以错误为推动力的决心。在孔令贤之前的2017年9月4日，任正非还为一名叫梁山广的员工签发了总裁办文件，力保敢说真话的员工。

2017年8月，华为员工梁山广在心声社区和技术网站上实名举报，称其所在的Natural UI部门将国外的一个开源UI项目进行汉化后，谎称为部门的创新成果。

Natural UI部门造假行为被核实后，梁山广被破格提拔两级。为了避免梁山广遭到内部打击报复，任正非派他去自愿选择的上研所工作，还指定一位高层对其进行保护。任正非希望以此鼓励员工和各级干部讲真话，改变华为风气。

华为直面错误的勇气和魄力，大范围地传到了员工身上。一名华为员工在刚刚学习制作BOM（物料清单，涉及产品相关材料的技术文件）时，填写BOM单据十分谨慎。在导师的带领下，逐步完成了具体的小任务。在锻炼中，该员工填写的BOM单据准确率提高，单据提交数量也呈上升趋势。

随时间推移，该员工开始独立完成多媒体产品的电缆设计工作。这种电缆设计工作更为复杂，不仅有许多新项目需要配线设计，而且还涉及一些老项目中电缆的维护。得意于以往取得的小小成绩，该员工的胆子大了起来，BOM单据填好后不再让导师先初审一遍，而是直接提交出去。

还没来得及得意，他的BOM被指出三次严重的错误。错

第 二 章

批 判： 消 解 职 业 麻 木

误一：在ECO工程更改单中将某电缆长度由原来的1.2m改为1.0m时，没有将单根电缆的清单分解便直接对其实施"修改"操作。错误二：在申请某内部成套电缆编码时，没有按照BOM规范给出相应的八位型号定义而被BOM预审退回。错误三：在将某自制电缆维护为采购电缆过程中，只将项目属性、项目描述、生产厂家进行修改，而没有同时修改图号信息而造成错误。

该员工反思总结，因为自我膨胀和沾沾自喜，导致出现了三次突发错误。于是下定决心，以错误为鞭策力，沉下性子做事。在后来的BOM单据提交之前，都拟制项目的电缆设计方案，具体到每一根电缆的合理性、科学性，还通过与项目组沟通等各方努力，使BOM单据中项目编码申请单、BOM清单归档的比例攀升。最终，该员工的BOM单据准确率达到100%。

任正非一直把反对的声音当作督促自己改革的动力，丝毫不惧成为"众矢之的"。他告诉华为人，不要怕炮轰，要经得起批评，忠言逆耳利于行。闻过则喜，华为不怕炮轰，反而怕捧杀。自我批判是进步的思想工具，敢于自我批判，才有未来。

他曾经对员工说："你们一定要炮轰。如果你们感受到公司在基础研究的体制、方法上还存在哪些问题，可以提出意见，我们会真心诚意地吸纳，一步步去认真改进，这样才能促进公司发展。"当时心声社区贴有《人力资源2.0总纲研讨班上对任总的批判意见汇总》，员工全都能观看那些犀利的批判言论。企业的老大都以身作则,不惧批判、鼓励批判,更何况一般员工。任正非起到了非常明确的示范作用,并表示"炮轰自我"有好处。

"往者不可谏,来者犹可追",犯错不是大罪。肯定内部反对的声音,就是面临客户和市场挑剔的预演,让自己保持高度戒备,防止温水丧生。直面错误及时改正,不仅不会成为阻力,甚至还成了华为更进一步的动力。

10. 扒掉"外衣"

对企业而言,学会自我批判与反思是企业文化与企业管理成熟的体现。对职工而言,反思和自我批判是改进工作方式的有效方式。而在华为,为了将自我批判一以贯之,公司层面设置了许多活动与组织。

360度周边考察是比较突出的方式之一。虽然华为内部曾对360度周边考察提出看法,诸如不能总找缺点,也要正向鼓励。但是,360度周边考察在华为轰轰烈烈的变革与自我批判中,带来了广泛积极的影响。

何为360度周边考察?简单理解,就是全方位考察一个人。华为将360度周边考察应用于寻找人才,但更多时候,这是反思批判的一种途径。2004年,《华为人》报纸上记载了国内营销干部360度周边考察介绍。文中提到,这次考察是为规范和完善国内营销体系干部任命与考察的程序管理，增强干部选拔任用的透明度。

比如，当A面临晋升时，公司会通过360度周边考察，对A周边人员进行访谈调查。目的是了解A在日常工作中的表现，具体包括其责任心、诚信、使命感、工作能力等方面的内容。其中，A是否有工作实力以及领袖风范是考察的重点。2004年，华为国内营销对20余名拟聘干部进行了360度的周边考察，涉及调查人员共100名左右。负责考察干部的职员提到，通过这一方式，决策时的信心增强许多。许多参与考察的一线员工表示，不管自己的意见是否能产生影响力，至少说明公司在听取基层的声音。

从更广泛的意义而言，360度周边考察是华为在革新任命干部的方式。这是企业自我反思改进的具体表现。衍生到员工层面，通过考察发言，亦能在企业内部形成反思风气。不过，360度周边考察并非十全十美。华为员工在心声社区上表示，似乎只有老好人才能得到多方认可。因此，在实际应用过程中，还需把握适度。这也是后来任正非提到"如果按照360度考核，余承东得不到高分"的原因。

道德遵从委员会也是自我批判的组织形式。2014年2月，华为成立道德遵从委员会（Committee of Ethics and Compliance）。该组织的职责是为保障员工的道德教育和监管，进行文化宣传，持续建立良好的道德遵从环境。实际上，与360度周边考察类似，道德遵从委员会也是发现人才的一个组织。任正非曾说："道德遵从委员会主要职责是发现好人，不要把主要职责变成帮助落后的人。"这里的"发现好人"，有很大程度的监督意味。本质上，还是批判精神的外在表现。

道德遵从委员会虽然是一个自下而上产生的组织，但其目标明确——"多产粮食，增加土地肥力"。多产粮食，需要土地肥沃。如何增强肥力，除了增加肥料，还要常常松土。松土，便是自我批判。

民主生活会是华为更早时期便形成的自我批判组织。自华为市场部1996年集体大辞职开创自我批判的先河后，华为的民主生活会在各部门蓬勃兴起。1999年，刚加入华为不久的陈波初次听到民主生活会时，知道这是"批评与自我批判"为主的会议，但如何民主他还不得而知。晚上6：40，会议如期召开。这场会议有些不同，陈波提到："气氛就不怎么严肃，大家坐在一起，倒像是来聊天的。"

但实际上，民主生活会并不是简单的茶话会。待气氛打开后，每个人需要自我介绍，自我批判。同时，批判不能泛泛而谈，要针对具体案例开始展开。最后，批判之后必须行动。

在华为，不论职位高低都可以在民主生活会上畅所欲言，进行批判与自我批判。如果有些问题不好当面提出，还可以先"请"某人出去"休息"，待大家畅所欲言指出其缺点后，再由主管将问题整理，私下告知。

2013年，华为决定让民主生活会成为公司的惯例，并做出《关于各级管理团队例行开展民主生活会的决议》。决议规定，公司各部门的老大是民主生活会第一责任人，人力资源

第 二 章

批 判： 消解职业麻木

部主管则是组织负责人，道德遵从办公室是监督责任人。如此一来，权责分明，民主生活会就变成了一种有组织的、可控的、责任清晰的、目标确定的项目。

许多公司照搬华为的民主生活会时，常常陷入窘境。除了没有明确的组织责任人外，自我批判的民主生活会常常开得非常"水"。最终，民主生活会成为形式上的自我批判大会，而未发挥其实质作用。

2006年成立的蓝军参谋部是华为自我批判的又一组织形式。蓝军是军事中常用的"假想敌"概念，主要通过模仿对手作战的方式与"正面部队（红军）"进行针对性训练。华为的蓝军同样如此，其成立目的是构建组织的自我批判能力，强化团队能力。

按照任正非的说法："要升官，先到蓝军去，不把红军打败不能升司令。红军的司令如果没有蓝军的经历，也不要再提拔了。"本质上，这是要求公司各层干部，甚至全体员工进行自我批判，以反思的力量推动企业不断乘风破浪，往前行进。

11. 越早犯错越好

华为人曾高调地提倡"越早犯错越好"。但是，犯错本身没有什么意义，有意义的是在自我审视和批判之后，将经验通过案例形式总结出来，形成行动的价值"复利"。中国人

华 为 干 法：
华 为 干 事 业 的 5 2 条 细 则

说"前事不忘,后事之师",意思是前人的经验和教训能让后来者少走弯路。如果不能把产品研发过程中积累的大量经验,进行有效的总结、提炼与运用,困扰老员工的难题同样会困扰新员工。

华为能在商潮激荡中行稳致远,善于总结经验是关键因素之一。2010年马来西亚电信CEO投诉一事,就让华为这艘大船看到了平稳行驶下的暗礁。马来西亚NGN项目是华为打入马来西亚市场的重点项目,但是因为资源不到位、交流不及时、NGN割接的失败、OPM功能板的错发、解决问题不及时等林林总总的失误,使得客户对华为的信任严重受损。最终让客户一封邮件愤怒投诉到时任华为董事长的孙亚芳,给华为人结结实实上了一课。

华为上下深刻反思这一场信任危机——华为是否失去了以客户为中心的初心?是否因为客户太多,就不把客户当客户?任正非严正告诫华为人:"华为正处于一个盛极必衰的阶段。"华为要随时保持警惕。华为总结出了资源分配、明确责任人、人力资源管理等多方面经验,让后来的项目引以为鉴。

除了公司层面,华为也一直很注重培养员工的总结经验的能力。华为要求员工每日反思,总结案例。案例能让员工效率提高。不同的人对每天的工作内容有不同的记忆长度,但总有暂存记忆。相应地,暂存记忆越长,越有利于下一步工作。

失败的关键原因更要留心。要把事情的经过理一遍,理清楚计划和目标是什么、中间的过程怎么做到的,或者中间

第 二 章

批 判: 消 解 职 业 麻 木

出了什么问题，为什么没有做到，理一遍后，下一次再做的时候就能吸取这次的经验，成功的继续发扬，失败的以防再犯。要求员工这样做的本质，就是从自己亲身经历的事情中学习，从干中学，在学中干。

容易犯错的案例不仅能让自身积累经验，提升能力，还能分享帮助他人提升能力，具有普遍借鉴意义。正是如此，在华为，每位员工每个季度都要写作案例，如果不写案例就要写心得。因为多个心得叠加起来，就能写出案例。最后，把经验心得贴在网上，才能促进大家共同成长，形成正向循环。

华为人在经验总结上，有自己独到的方法。华为生产测试部的一名员工，在工作之余，擅长把经验总结成报告。10年时间，形成了30多篇报告，先后对四十多位维修员有过影响。而且他还将典型故障和解决方案进行了梳理，制作出类似"故障树"的维修指导，分类一步步列出分析，新员工参考"故障树"操作上手很快，修复率提高了25%，大大提高工作效率。

硬件工程师的经验总结更为重要，因为"只要是看得见的硬件都要管"，言下之意是硬件工程师要了解和单板硬件相关的所有领域，并对相关的技术问题做出判断。

一位硬件工程师在加入华为前，在一家小公司做了两年的硬件，但当时接触的单板规模小、简单，远不及华为单板的规模和专业性。于是到华为后，他开始硬啃各种文档资料，同时追着专家请教，总结经验教训。

新知识、新技术永远在不停地发展，除了将典型设计、设计中易犯的错误登记在册,近10年学习中,工程师在看器件手册或技术文档时,如果遇到没见过的技术名词,还会立刻查证,并且会把看到的相关技术信息都摘出来,专门放到一个word和excel文档里。word文档里的信息记录比较详细,作主参考;excel文档则比较简单,只起方便查阅的作用。日积月累,工程师的word文档里已经足足记录了六百多页,细看下来,干货满满。

这是一笔宝贵的财富,工程师也无偿把经验书分享给有需要的同事,方便他们的工作。经验对于任何一项工作都是重要的,但同时也是危险的,因为过于依赖经验,反而会束缚手脚。

求稳,而不求变,是人的本性。但通信行业却又与人的本性背道而驰,恰恰是一个需求飞速变化的行业,需要华为人不断地调整自己、改变自己。经验是毫无疑问宝贵的财富,是业务的基本功,但对经验的信任也要有度,否则就不能及时改变,适应市场的发展和变化。自我批判后总结出的经验,有其普适性和灵活性,但也不是万能模板。具体问题具体分析,才不至于落入窠臼。

12. 从泥坑爬出来的是圣人

华为人常说一句话:"从泥坑中爬出来的人是圣人。"简单理解,这句话的意思是从错误中走出来,实现自我救赎。值得一提的是,这一饱含批判意义的华为理念,来自华为研发体系一件里程碑式的事件。

20世纪90年代,华为研发人员大多远离客户需求,缺乏商品意识。大家习惯以实验室技术人员的思维去开发产品。例如,研发人员觉得自己设计的单板有突破性创新,但恰恰没有想到兼容性,因几毫米之差而无法装入机柜中。

又比如,研发人员开发一款软件,自认为很牛,洋洋洒洒写下说明书。但客户看着厚厚一沓说明书,翻半天也没找到相应的功能键。一次,客户和一线维护人员看见这样笨重的说明书,当场就扔进垃圾篓中。他们说:"这个说明书适合研发人员看,我们需要的是一张纸就能讲清楚重点的说明书。"

1999年,因为研发人员产品观念、商品意识、问题意识、市场意识的淡薄,给公司造成了4000万的呆死料。以1998年4.3亿开发经费计算,4000万就占据接近10%的比例。并且,这只是一个直接的物料成本价,还没有计算制造费用、采购费用、销售费用、研发费用、管理费用、用服人员出差费用等等。更重要的是,这让华为流失了不少客户,造成了不可挽回的损失。这一事件在华为影响巨大。

后来,华为将所有研发人员集中在深圳的一个体育馆,集中召开反思大会。这次大会的名字就是"从泥坑中爬起来的人是圣人"。

在这次大会上,华为设立了一个特别的颁奖仪式——将因研发人员不考虑客户感受、闭门造车而报废的单板等作为奖品，颁给研发体系各部门领导。

当研发人员看着熟悉的部门领导，接过自己造出来的"奖品"，再听到领导忏悔："质量是我们的自尊心""不做幼稚的技术人员，要做工程商""我们一定要以IBM为师，学习他们的先进的管理、流程、制造"时，一场思想上的自我批判和洗礼已经显露成效。

后来，华为研发人员将这些"奖品"陈列在有机玻璃柜中，以时刻警醒自己。2008年，华为在同一个会场举办了研发体系的奋斗表彰大会。任正非对着全场的研发人员做了"从泥坑里爬起来的人就是圣人"的演讲。

自我批判，贯穿华为多年的发展路径。2003年左右，国内3G遥遥无期。拓展海外市场时，华为终于盼来了一个泰国某GSM商用局。但由于当时华为移动软交换对GSM应用经验及投入不足，最终这个项目以割接失败告终。

这一次项目失败，同样是不理解客户真实需求而导致的。团队意识到这一问题后，痛定思痛，并在内部推动管理、技术的反思和大改进举措。各级管理者反思检讨自己在流程、项目管理水平、人员组织等方面存在的问题。团队在这次困难中不断构筑自身的能力，反思自身的问题，做到了及时为公司止损。而正是无数次自我批判，华为才能看清楚前进的方向，避免故步自封；华为人才敢于讲真话，敢于提反对意见。

从上至下，自我批判的精神逐步贯穿至华为人身上。2005

第 二 章

批 判： 消 解 职 业 麻 木

年入职华为的Samer，在短短6年时间里，获奖15次，常听见周围人的赞美之词。不久后，Samer进入了代表处后备VP资源池。为了达到VP必须具备的能力和技能，代表处为他制定了一份学习提升计划。Samer在《华为人》上提到："一夜之间，围绕着我的赞美之声消失了，同样是那些声音，讲出来的都是我的不足和差距！"此后，他不断思考"自我批判"如何能使自己更好地成为客户的伙伴，更好地提升自我，并改变了自己做事的态度。

在华为，几乎每一个实习生在做协议宣讲时，都会遭到同事们的强烈批判。大家会直接指出实习生的不足，让他直面自己的问题。华为心声社区更是一个发挥批判作用的地方。员工在这里畅所欲言，同时也会对公司现象提出批判。一次，一位员工在心声社区发帖批评一位高管。该高管知道后，找到社区管理人员，要求知道发帖员工工号。管理人员左右为难，便把这件事告诉任正非。任正非得知后，将自己工号报给管理人员，让他拿这个去给高管交差。之后，那位高管便没了动静。

值得一提的是，在华为新员工的培训教材中，有专门针对批判的内容叫"自我批判，不断进步"。这一部分分四章，有3万字。其具体内容包括在自我批判中进步、如何正确处理工作挫折、勇于自我批判、自我批判就是自我超越等。

批判，并不是为了批判而批判，更不是为了全面否定而批判。批判的意义是改正错误，带来正面反馈，最终提升个人实力和公司竞争力。

华为干法：
华 为 干 事 业 的 5 2 条 细 则

13. 谁也别想"安生"

职业麻木如同温水煮青蛙，临近"死亡"而不自知。面对麻木，古人有"吾日三省吾身"，时刻反思批判自我。作为通信领域第一的跨国企业，华为曾为保持知觉，摆脱管理体制的僵化做过不少努力。

华为要把自己变成正规军，唯一的选择是脱下草鞋穿皮鞋。在此过程中，华为坚持的原则是，任何人都不允许改造皮鞋，先僵化地学习，皮鞋不合脚，先砍脚指头。

如何改革？这是一个痛苦却又必须进行的过程。华为是中国第一家采用HAY体系（合益体系）的公司，其任职资格体系主要是学习英国国家职业任职资格体系。同时，华为的产品研发流程、供应链流程、财务流程都来自IBM（国际商业机器公司或万国商业机器公司）。当时为改变现状，华为引入IBM相关项目。据悉，仅IPD（集成产品开发）和ISC（Intel的服务器管理软件）项目，IBM就耗费了5年时间，甚至带来专业顾问多达200余人。相应地，华为就IPD和ISC两个项目支付的顾问费达到5个亿。任正非清楚，有了这套与国际接轨的世界级管理体系，华为的战略才能够落地。

1994年，任正非在公司员工大会上提到："通信行业三分天下，华为将占一分。"任正非信誓旦旦，不过会上的员工少有人相信。

第 二 章

批 判： 消解职业麻木

现实就摆在眼前：1994年，华为的竞争者都是国际巨头——北电、阿尔卡特、朗讯、摩托罗拉、爱立信、诺基亚。华为只能远远看着这些强大的对手，再一步一步沉默前行，直到将其一一超越。

如今，曾经的巨头大多没落。技术路线错误、执行力不足等都是浮于表面的原因，而让企业没落的根本原因之一正是麻木。因为麻木，失去创新，最终难以适应新的市场竞争，只能被市场淘汰。

两百多年前，经济学之父亚当·斯密在《国富论》中准确无误地预示了未来人类社会的发展趋势——工业社会的分工化。

为了达到资源的最优配置，社会将会根据有利的自然禀赋，或有利生产条件来进行生产，使一国在生产和对外贸易方面处于比其他国家更有利的地位。在此过程中，分工加速推动了贸易的发展，使人们摆脱贫困，生活富裕。但这也限制了人的发展。在工业社会，人成了社会这一巨大机器上的一颗螺丝钉，作为人的主体性消失。麻木接受成为个体应对生活工作的选择。

2006年，一位华为员工发表了自己对职业麻木的深刻认知。那年春节，他乘火车去北京。因极少乘坐火车，听到车厢回荡的《常回家看看》时，他觉得非常惬意。但久而久之，列车工作人员似乎忘了切换歌曲，听得他有些烦躁。随后，他找到工作人员表示希望切换歌曲，但对方三言两语糊弄过去，最终也未切歌。后来，同车厢一位男士告诉他，自己经常乘坐这一列车，他们播放的一直都是同一首歌。

这时，他才如梦初醒，联想到这就是生活中常见的职业麻木。反思工作时，这位华为员工又联想到几年前他向一位老客户介绍华为公司员工构成时，对方马上笑着打断道："哑铃型结构。"他意识到，已经有许多华为人用同样一套说辞与客户交流过。对客户而言，这话早已听过无数遍。这就如同一年365天，每天都在吃同一道菜，无论这道菜多么美味，都会让人厌倦。

在实际工作过程中，职员常常习惯用一套解决方案"走天下"，殊不知实际情况早已发生改变。拒绝麻木，保持自我批判精神，是用心感知变化。

怎样摆脱麻木，保持知觉？以不断学习的姿态，来拒绝麻木，是华为人保持知觉的方法之一。作为一个学习型组织，华为所创建的知识平台上，有大量的案例和学习资料。公司除了为员工定期开设培训课，还会在上班中留时间给员工学习与工作有关的技能。此外，部门还有分享会。员工在入职华为一段时间后，会参加考试，考试内容与工作内容相关。同时，对于工作职位所需要的知识技能，华为在后期也会进一步地考察。

有人说华为最大的浪费是经验的浪费。因此，将华为的方法经验，通过案例化总结出来，让员工学习，同样是对抗职业麻木的有效方式。

基于此，华为对员工提出案例编写要求。案例写作花费时间多，如果要缩短时间就需要员工有更好的语言组织能力。

第 二 章

批 判： 消 解 职 业 麻 木

在此过程中，员工写与说的能力都会提升。

值得一提的是，案例写作不光是总结成功经验，更重要的是总结失败教训。梳理事情经过，理清楚计划和目标，思索中间过程怎么做，或者出了什么问题。下一次就能吸取经验，越做越好。

对企业而言，保持知觉，主动感知社会压力与市场变化，是基业长青的一剂良药。对个体而言，拒绝麻木，不断反思与学习，是打破惯性思维，不断超越自我的有效途径。

14. 陷入平衡等于走近死亡

物理学家薛定谔曾说："生命以负熵为主。"什么是负熵？薛定谔解释，生命活力就是负熵。一个形象的例子是减肥，减掉赘肉的过程，就是在做负熵运动。华为将这一概念引入企业经营之中，致力于保持企业活力。

实际上，随着经济全球化的日益加深，保持活力已经成为企业生存发展的要务。打破平衡状态，不断搅动活力，才是迎接挑战、保持竞争力的关键。通用电气公司为保持活力，曾采用一套"活力曲线"淘汰制度。在活力曲线中，用比例固定的分配方法将员工分为A、B、C三类。A指最优秀的20%员工，B指70%一般员工，C指10%"差生"员工。显然，这10%的C类员工最终会被公司淘汰。这一活力曲线制度，为通用电气保持百年活力奠定了坚实的基础，也为华为的末位淘汰制提供了样板。但是要想保持企业活力，仅有一手准备是不够的，所以除末位淘汰外，华为还通过制造不确定、打破平衡来促进内循环。

华为如何远离平衡状态，保持企业和员工的活力？

第一，让基层保持饥饿感。任正非曾提到，企业的经营机制，说到底就是一种利益驱动机制。企业能保持活力，除了用目标、机会等外在的愿景牵引外，更大程度上，应该是受到内在利益的驱动。价值分配要向奋斗者倾斜，使那些真正为企业作出贡献的员工得到合理的回报，企业才能具有持续的活力。

实际上，这一概念是从人性的本质所得出的结论。正如马斯洛需求理论提及的五个层次，人的需求分生理需求、安全需求、归属与爱的需求、尊重需求、自我实现的需求。

与其他企业热衷于贩卖梦想不同，华为给予真正做实事的员工以实际奖励。毕竟，任何只开空头支票而不给予实际表示的企业，都只是拿员工当作赚钱的机器。当"狼来了"的故事几番上演，员工的期待与活力消失殆尽，人才流失便是常见之状。因此，与其说华为洞悉了人性的本质，倒不如说其他企业直接忽视了这一本质。当然，类似华为这样深谙人性的企业不在少数。比如，阿里巴巴步入正轨有钱后，第一件事便是给一起奋斗的伙伴分享收益。

一定程度而言，金钱就是"诱惑"员工拼搏奋斗的关键因子。华为构建了这样一个平台：每个人都有平等的机会

第 二 章

批 判： 消解职业麻木

"获取战功"。华为鼓励员工证明自己的实力,并匹配以相应的利益以激发员工不断超越自我,不断保持奋斗精神。

第二,让中层保持危机感。危机是打破平衡,保持活力的武器。曾经盛极一时的诺基亚,是世界上最大的手机制造商,其成败颠覆的历史却又让人不胜唏嘘。诺基亚一度占据手机市场80%的市场份额,可谓独占鳌头。但在历史的关键节点——触屏技术兴起时,诺基亚沉浸于过往的荣光之中,安于安乐现状,未尝察觉危机已经袭来。短短几年时间,苹果一举反超诺基亚——世界巨头的神话易主。本质而言,当个体或企业觉得自己已经足够安全时,往往就是危机到来时。因为这时,企业陷入停滞不前的状态,个体陷入自我满足的状态,活力也就不复存在。

任正非曾在《华为的冬天》一文中提到:"十年来我天天思考的都是失败。"与生俱来的忧患意识让他对危机始终保持警惕,这一忧患意识也传达到了中层员工心里。正如前文提及,许多中层干部容易产生惰性心理。在华为,避免这一情况有法可循。如果干部懈怠,就让干部降级,与手下平起平坐。这一举措极具刺激性,犹如一把刀时时悬挂在干部的心头。

在任正非看来,主官、主管每年的末位淘汰率一定要达到10%,这样迫使他们自我学习,科学奋斗,而不是深陷于等待退休的安乐状态。那些下岗的管理干部,一律要去华为内部重新找机会。实在需要降职降级的,就先降到所去岗位的职级,并且继续考核,不放松。

华 为 干 法:
华 为 干 事 业 的 5 2 条 细 则

中国古语有言:"生于忧患,死于安乐"。任正非很喜欢这句话,并以实际的机制来激发员工活力。比如,建立循环赋能机制。各部门干部流动,以适应"唯一不变的是变化"这一现实。

第三,不断"加码",让全体员工超越自我。华为蓝军就是用无限逼近真实的"战况",让员工不断提升解决问题的能力。华为员工高坤介绍,2018年1月,部门将控制器事故恢复要求从60分钟提升到30分钟。时间减半,明显要求作战的效率必须提升。高坤采取"单元作战法"训练,快速拆解目标。在此过程中,团队作战能力必将得以提升。

未雨绸缪,强化忧患意识,才能让企业保持不断发展的活力。美国《财富》杂志报道过一组让人惊心的数据,美国中小型企业的平均寿命不到7年,大企业平均寿命也不足40年。而中国的中小型企业平均寿命只有短短2.5年。时代快速发展,一批一批的企业倒下,也有一批一批的企业成长。基业长青几乎是每一家企业的追求,不被市场淘汰并持续具有竞争力也是每一位职场人的追求。

保持危机感,不断进取,是基业长青的根本法则。正如比尔·盖茨说"微软离破产永远只有18个月",任正非也一直保持着"下一个倒下的会不会是华为"的警惕。市场不相信眼泪,正是基于这样的风险意识,华为人始终紧绷一根弦。

第 二 章

批 判: 消解职业麻木

华为干法：
华为干事业的
52条细则

HUAWEI

第三章

执 行：
绝对行动力

所谓坐而论道易,躬亲实践难。一流的点子三流的执行,比不上三流的点子一流的执行。执行力就是生产力。没有执行力,一切都等于纸上谈兵。

15. 越放任越拖延

1958年,20世纪西方文化三大发现之一——帕金森定律(Parkinson's Law)诞生。英国历史学家、政治学家西里尔·诺斯古德·帕金森(Cyril Northcote Parkinson)在长期调查研究过程中,得出了这一定律。

帕金森定律最初的含义来自一句谚语:"工作会膨胀,以至于会消耗所有可用时间。"简单理解,这是指拖延工作具有腐蚀性和繁殖性。简单举例就是,一项工作给定5天完成,大家通常会在第5天才开始行动。

这种情况非常普遍。尤其是职场中常有这种情况:对于那些不得不做的无趣工作,我们通常是能拖则拖。例如,一个市场招标项目,3月份项目资金就批了下来,财务要求最好在5月份前完成立项。这时很多人可能想:"反正还有两个月,总能搞定。"于是，今天拖明天，这周拖下周。

任正非认为，从根本上而言，工作效率不取决于工作任务的大小，而取决于给定的"资源大小"。安全时间太长，人下意识就会松懈，常常拖到最后一刻才会行动。老话"临时抱佛脚"就是形容这种情况。所有的工作任务，一旦自由安排度很高，反倒会成为拖延的重要原因。所以华为一直要求员工有问题一定要及时解决。

一般来说，一旦个体有足够的时间完成某项任务，此时，他若无迅速处理事务的习惯，极其容易不自觉地放慢节奏。在此过程中，时间逐步流逝，人们又因为迟迟未行动，内心产生了蹉跎之感。最后，人们开始对任务本身产生消极情绪。长此以往，负面情绪大量累积，反而会让人越来越不想开始行动，甚至会逃避任务。最后期限到来产生的紧迫感，会让人压力倍增。同时，由于拖延导致的负罪感等，会让人对工作产生深深的厌恶，也会影响人的心理健康。

我国明代诗人钱福所写的《明日歌》——日日待明日，万事成蹉跎，是对这种心理最生动的描述。

总的来说，帕金森定律是对工作效率低下最好的理论解释。即某种程度上，当时间、精力、人力和财力等许多资源都非常充分时，反而会遭到滥用。比如，给定期限太长，常会导致办事速度缓慢。又比如，人力资源太丰富，常导致人员不断膨胀，办事效率低下。

许多企业在发展历程中深刻认识到，一项任务给予的时间越充足，员工完成计划的时间安排往往越放任，浪费的时

第三章

执 行： 绝 对 行 动 力

间越多。

为解决员工拖延症，华为要求员工形成两种工作模式。

第一种是主动型工作模式。

瑞士心理学家克拉帕瑞德提出："强迫的工作，是一种违反心理学的反常活动，而一切有成果的活动都以一种兴趣作为先决条件。"

被动型工作中，员工并没有太大的兴趣或意愿工作，往往需要"推动力"。日本著名实业家稻盛和夫在《干法》一书中提到，物质有"可燃型""自燃型""不燃型"三种。同样，人也分为这三类。自燃型是指员工本身做事很有激情，往往不需要别人带动。可燃型是指，通过他人带动，员工也能拥有工作的激情。而不燃型最让人头疼，因为这类员工难以有工作的动力。

如何形成主动型工作模式？华为首先从公司层面打造出主动型工作氛围，同时更大程度上吸取主动型人才。比如，华为在选拔时，员工在学生时代是否有拖延的毛病，会成为是否录用的参考因素之一。

在华为，及时行动是第一准则。

显然，任何一个任务都具有时间期限。正如蛋糕有最佳赏味期，工作如果错过"最佳赏味期"，即便拿出一份完美方案也于事无补。任正非本人就是一个雷厉风行，从不拖沓的自燃型领导者。只要他认为合适且正确的事情，常常会在最快的时间落地实行。

一次，华为总部几位财务在电梯中抱怨公司没在基地设立一个财务系统,以至于财务常常需要在基地和总部两头跑,极度浪费时间。当时大家只顾着发牢骚,完全没注意电梯中还有一位沉默不语的人。待看清楚此人是任正非时,几人吓得当即闭嘴。但未过多久,华为研发基地就建立了一个财务系统。

任正非以实际行动传达出"立即行动"的观点,在华为内部形成了良好的做事风格。

第二种是任务型工作模式。

这需要员工寻找到激发动机。例如,在任务中找到兴趣点、向工作狂学习等。实际上,华为最不缺的就是工作狂。为什么华为能拥有如此多热衷于工作的员工?互相学习借鉴的氛围是重要的原因。一种良性的氛围,能够影响和带动周围的同事,形成一种正向循环。

向他人学习能迅速化解工作压力。同时,建立自己正面形象的认同感,对人际关系有良好的促进作用。最后,做事利落干净,不仅会受到领导的器重和同事的好评,还会为营造晋升畅通的途径打下基础。相应地,正因为有晋升的可能性,还会刺激自己形成做事果断迅速的习惯。

除了这两种工作模式,华为还为员工打败拖延症提供了几条有用的建议。

第一,分清自己是控制型还是放任型人格。控制型是指,做什么事情都抓得很紧,做事严谨,井井有条。放任型是指,做什么事情都完全凭兴致,计划松散,天马行空,不过往往创造力比较强。

第三章

执 行: 绝 对 行 动 力

华为要求员工明确自己的定位,如果确定自己是放任型,则一定要看清并高度重视自己的弱点。只要有意识地正确使用一些策略,就一定能够在工作中战胜拖延症。

第二,优先安排"任务型"工作。分清工作是兴趣型还是任务型。兴趣是强大的,因其动力是内在爱好;而强制型任务的动力是弱小的。在这种情况下,兴趣型的任务会侵占强制型任务的时间。个人对任务感兴趣,天然就会更用心更有动力。而对待强制型任务,常常是不得不做的"心不甘情不愿"的状态。因此,任务完成效果自然不比兴趣型。因此,工作安排时,应当先将任务型工作放在前面,避免被兴趣型工作侵占时间。

第三,先紧后松,一定要学会现在就动手。当任务布置时,应当马上开始行动。因为任务布置后的第1个时间段,通常是个体最放松的时刻。"反正还有时间,也不着急现在这一时半会"的心理状态,其实反而是最危险的。因为人们一旦在第一个安全时间内,便开始拖延,那么往后就会一直拖延。一旦后期出现各类突发因素,任务是否能完成便具有很大的不确定性。

现在立刻马上行动!有关立刻执行,具体的做法是"两个1":在任务布置后的第1秒钟就开始,要在任务布置后的第1个时间段完成。

实际工作中,最好遵循1个小时能完成的工作,就在第一个可用的1个小时内完成。因为当拖延的情况一旦出现,无限拖延就是常态。总体而言,带有强制型意味的任务型任务,最好在任务布置最近的可用时间内完成,才能最大程度避免拖延。

第四,缩短安全期,不要给过于充分的任务完成时间。比如,制定工作安排时,应当明确设置出工作完成的最后期限。有意思的是,最后期限越近,工作效率的提高则越明显。一个需要1小时完成的任务,规定半小时完成,效率反而更高。因此,也可根据这一特性来提升自己的工作效率。

第五,"2分钟法则",首先将小任务一网打尽。先易后难是一般规律。华为要求员工那些几分钟就可以完成的小任务,必须尽可能快地解决掉。这很容易形成正向激励。其次,采取这种方式能有效排除干扰,将注意力集中在较大任务上。最后,能够减少检索成本。检索成本是指在适当的时间里将任务检索并提示到工作记忆中。比如在下周三之前要完成单位排班表,如果不立即完成该项简单任务,就要在下周三之前提醒自己完成。

通过以上方法,避免拖延症,不仅让工作更为轻松,也能有更多的时间解决更多的问题。

16. 成为时间管理大师

做好时间管理,是提升工作效率的有效方式。在华为,任正非主张将时间管理的概念融入企业发展之中。一次,员工聚集一处开会讨论工作时间问题。许多人都主张延长工作时间,希望多加班加点。毕竟,华为的"加班文化"非常盛行。然而,任正非忽然反问:"2个小时可以干完的活,为什么要拖到14个小时来干?"

在任正非看来,短时间内高效完成任务,比长时间待在办公室"苦干"更有意义。时间管理,归根结底就是高效利用时间,合理安排时间。简单举例,甲乙两人做同一项工作,甲可以在规定时间内按质按量完成工作,但乙却往往拖延许久才勉强完成。抛开工作能力等因素不谈,甲乙两人的工作表现与时间管理有很大的关系。

工作中不乏这样的情况:从事研究时,员工努力收集大量信息后,完成了一份详细的报告。这时,他发现已有人做了类似研究并总结出相同的发现,这种情况称为重复工作。重复工作是一种常见人力资源的浪费。

时间管理,是每个企业、每个员工都需要认真做好的一件事。在这方面,华为给出了自己的建议。

华为认为,想要做好时间管理,需要实现以下步骤的突破:

第一,收集任务。员工需要先对自己的工作进行定位,也就是对工作内容进行定性分析。这是正式工作之前需要做好的一步,即把工作内容按照不同的分类标准进行分类,大多数情况下,分类标准按照工作需要完成的时间节点前后来划分,排在比较靠前的就是需要尽快处理的工作内容。

第二,追踪工作时间消费情况。罗列出各类工作的具体耗时情况，将其中耗时的因素，比如项目现状、当时精力、项目难点等，一一分析归档。追踪时间消费情况，本质上就是对工作复盘，以做好时间管理，提升工作效率。

第三，清楚工作目标。这一点在目标法则中已有具体阐述。总体而言，仍旧是按照SMART标准进行工作。此处不再赘述。

第四，四象限法则。所谓四象限，就是把事情按照轻重缓急分为四类：重要紧急、重要不紧急、紧急不重要、不重要不紧急。这四象限法则适用于工作中的许多场景。

2018年毕业进入华为的孙芮提到，刚度过培训期后，工作压力陡然上升。每天都以"熬"时间追赶工作进度，离开办公室的时间从9点延缓至12点。未完成的工作越累越多，焦虑也越来越重。主管告诉孙芮，按照四象限法则将工作分类，做到在正确时间做正确的事，而不是盲目做事。通过四象限法则，孙芮的工作时间得到合理安排。

第五，80/20法则。同样是合理安排时间的方法论，80/20法则更加强调在高效的时间里完成最重要的工作。简单理解，就是用80%的时间做20%最重要的事情。为达到重要工作的完成率及合格率，应当尽量避免日常中的"时间干扰"。比如，减少不在职责范围内的工作、开会时间把控等。一切以当前最重要的工作为主。

这五条是华为人在时间管理和规划方面的基本方法。正是如此，华为渐渐削弱"加班文化"，提倡更加高效合理的时间规划，更加健康的工作法则。

第 三 章

执 行： 绝 对 行 动 力

此外，华为职工擅长将工作规划表格化，即任务可视化。这也是一种重要的时间规划方式。针对任务可视化，华为公司提出很多时间规划的方法。比如，华为员工在会议结束后，会将任务记录下来，以便及时查阅。对于当天或者当时未能完成的工作，华为员工会寻找原因，并做好标记，在接下来的时间里尽快完成，防止清单上的任务越积越多。华为员工经常以月度、季度的形式规划好需要优先处理的工作事项。为了避免出现任务遗漏情况，华为员工会设置电子日历、备忘录等提示自己。华为公司还要求员工必须保持办公环境尤其是办公桌的整洁，确保不会为整理和寻找物件而浪费时间。

任正非曾说："每人每天都是24小时，但每个人的心态与意识不一样。你可以选择把更多时间用于发呆与睡觉，也可以把更多时间用于拼命工作攒钱，也可以把时间用于你所热爱的人与事。"无论如何，合理管理时间，更高效地应对处理事情，不仅适用于职场，也同样适用于生活。

17. 慢一点会更快

天下武功，唯快不破。这句话几乎成为商业江湖的金科玉律时，华为却反其道而行之，提出"慢一点会更快"的执行原则。为何？

华为认为，慢一点会更快的本质是，脚踏实地做好当下事,距离最终目标就不会太远。犹如乌龟缓慢爬行,不投机取巧,不偷奸耍滑,心无旁骛只朝自己的目标前进。

在中国,"乌龟"是"慢"和"保守"的代名词,而"保守"又是贬义词。中国近代的落后,使得激进成为中国现代的主流意识,常年的压迫让中国人着急,试图用几十年的时间获得西方百年工业革命的成果。这种心态在如今的互联网时代依然处处可见。但华为并非如此,华为需要把事情做实、做好,而不是把事情做快。华为需要的执行力,是有效的执行力,而非无用功。华为的主流方向是稳中求进,不做昙花一现的英雄。

吴春波曾提到,有关华为成功的诸多心灵鸡汤,有且只有一个概念有意义,那就是一万小时定律。一万小时定律,是指不管做什么事情,只要能坚持做一万个小时,那么这件事一定可以做成功。华为手机产品线总裁何刚说华为做手机,拿出了慢工出细活的工匠精神:"我们本着工匠之心,不断地把每一个细节做好,哪怕会慢一点儿,也要让消费者用到我们的优质产品。"

华为Fellow❶之一伍漫波也是"慢一点会更快"的坚定信奉者。1997年,伍漫波从清华大学毕业加入华为后,就一头扎进硬件研究。

那时,华为在硬件方面的设计还比较薄弱,甚至连386主板都做得不太稳定。伍漫波加入时,正逢华为决定做586

---

❶ 专家,相当于企业中的院士。

第 三 章

执 行: 绝 对 行 动 力

主板。伍漫波刚进队伍,就磨枪上阵,开始主导设计奔腾主板。硬件界有一句老话:"产品质量是设计出来的。"伍漫波深以为然,她觉得在设计环节宁可慢一点,也绝对不能出现差错,否则后续测试"修修补补",甚至返工,会耽误更多时间。

从原理图、器件选用、布局,甚至到布线,伍漫波都花费大量时间一一检查确认。一个显著的细节是,她为了保证管脚定义万无一失,甚至尝试最"笨"的办法,将整套原理图打印出来,每检查完毕一个管脚,就用荧光笔在图纸上涂掉对应的标识。

投板测试时,第一次上电并不顺利。领导认为伍漫波的工作效率太低,有碍进度。伍漫波不服输,认为工作方式没有问题,于是对着原理图一一检查,发现是加工环节的钢网做错了,并不是设计的问题。修订错误后,系统再次上电,一口气"跑"到Windows界面出来。领导很意外,第二次上电调试就有这么好的进展,这在当时的华为很少见。

接下来的各项测试也相当顺利,当初在设计环节"耽误"的时间,全部在测试环节体现出了价值。586主板量产发货后,可靠性表现优秀,客户反馈也很好。这时,伍漫波"慢一点会更快"的工作方式有了说服力。之后她负责设计PowerPC系统主板时,领导还开玩笑说:"这次我不催你了,你慢慢做,争取跟586主板一样的质量,如何?"

2001年,伍漫波进入王战峰带领的UMG8900系统分析组和硬件平台组。团队花了大半年时间,反复讨论控制与交换分离的通信系统新方案。这大半年时间看似没有推进工作，但却是投产环节的有力保障。因为这时，马虎一分钟犯的错误，都要用千百倍的时间来弥补，一个连线错误就要耗费三个月重新改板，成本巨大。

方案敲定后，整个硬件系统开发又耗费近一年的时间。主板涉及的技术非常尖端复杂，华为此前没有做任何预研。但是投板后，直接一板成功，很快打通第一个3G电话。量产发货后，也没有发生硬件事故。"慢一点会更快"的工作方法论，在这时发挥了最大成效。

纵观华为官网公开的每年营收数据，慢步前行的"乌龟精神"体现得非常彻底。2002年，华为营收为175亿人民币。2003年，营收达221亿人民币。2004年，营收达313亿人民币。2005年，营收达453亿人民币。2006年，营收达656亿人民币。不难发现，华为整体营收数据始终在增长，但增长幅度并非呈跨越式状态，而是始终保持小踏步增长。

万丈高楼平地起，罗马不是一天建成的。本质上华为成功的背后，是时间和细节的力量。

18. 拒绝差不多先生

生活和工作中，总有人抱着将就的态度。不论做什么，只追求一个"差不多行了"。在他们看来，不论是多一点还是少一点,好一点还是坏一点,只要总体上差不多就没必要斤斤计较。

华为从不将就。任正非说过:"产品就是要精益求精,再求精。"因为一个产品的质量是一个企业生存的基础,是国际市场竞争的入场券,是客户评价企业的一个重要标准,更是一个企业的自尊心。

正是这种企业精神,培养出了华为人对待产品"吹毛求疵"的态度。华为人认为,有问题就得提出来,提出后就得解决它,无论问题大小,他们都无法忍受"将就"二字,也不会对问题坐视不管。

失之毫厘,差之千里。在华为人看来,就是要千锤百炼,才能把每一件事做到精彩绝伦。用一位华为人的话来说,是"做产品应该追求极致,而非完美"。要极致,不要完美,更不要将就,是华为人一贯做事风格。

2010年,为了赶上4G时代,华为在天线研发上铆足了劲。虽然任务重,压力大,但华为的天线团队并没有着急赶工,草草设计一个方案来追赶4G的浪潮,而是决定潜下心来,做一个最好的方案证明自己。

当时,外界很多人质疑,华为能不能解决好无源互调❶这一技术难题,做出可用的产品?面对质疑,华为天线团队没有辩驳。产品即实力,他们仍旧夜以继日地攻关。在2000多

---

❶ 无线通信系统专业词,指两个或更多的频率在非线性器件中混合在一起便产生了杂散信号。

个日夜试验数据的基础上,又经过9个多月攻关,迭代验证了8种电缆结构方案,修改优化了18个版本,制定、完善14道加工工序后,Single天线终于有了雏形。但这还不足以让华为满意,因为它还有优化的空间。

天线的使用寿命容易受腐蚀性影响。从2010年起,华为便前往30多个国家,分析近2000多个典型站点的腐蚀情况,试图寻找腐蚀的原因❶。最后,他们发现天线腐蚀性与材料工艺和应用场景有关。如果能解决工艺材料的防腐性,就能大大延长天线的寿命。在200多次压铸及验证下,天线团队历时一年半,终于固化了性能和材料配比上的平衡点,真正创造了一种新型铝合金材料。

随着新产品的产生,天线团队又有了新的想法——"给天线瘦身整容"。研发的过程是枯燥的,尤其是这次探索"无人区",没有任何指引,只能靠自己摸索,但华为也取得了卓著成效。

新型AUU的产生,得到了客户的广泛认可,全球都能看到华为天线的影子。到2015年,华为累计发货超过10万件。

能有这样的成绩,基于华为人有不将就的"死磕"精神。做产品,都要像做艺术品一样,精益求精。要用如履薄冰、战战兢兢的态度做产品的开发和设计,不放过工作中的任何一个细节。尤其是研发复杂的硬件和芯片时,工作辛苦细致

---

❶ 田涛,殷志峰.华为系列故事:厚积薄发[M].北京:三联书店出版社,2017.

第 三 章

执 行: 绝 对 行 动 力

一点，风险就可以小一点。这一点正是关键，万一那些看起来无效的问题中隐藏着一条真正的问题没被发现，那就意味着所有的努力都将前功尽弃。

一名华为的程序员说："对于开发人员而言，代码就是自己的作品，代码写好之后，一定要好好读，好好测，如果在后端发现BUG，会觉得很羞愧。虽然从统计规律来看，代码总是有BUG的，但是这并不能成为理由和借口，更不能以此来要求自己，这样做就意味着放弃了成为优秀的机会。"

华为人追求极致，华为的产品也追求极致。华为尤其擅长把一个事情做到极致后，再"以千军万马压上去，后发式追赶"开拓新产品市场。从交换机、基站，再到手机终端，都是同一个赶超的路子。

当然，赶超的前提是产品要足够好。而"好"其实是没有上限的。在华为人眼中，只有离"差不多先生"远一点，再远一点，才能离"极致"近一点，再近一点。

19. 干一行，爱一行，专一行

任正非曾说过："华为人要专注本职工作，干一行，爱一行，专一行。"

干一行，爱一行，几乎是华为员工的一种能力。无论分到什么工作，他们都能迅速适应，发出自己的一份光和热，在自己的本职工作中成为英雄。华为这样的励志故事俯拾皆是。

2000年，一名叫刘爱群的工人加入华为生产测试岗。进华为前，刘爱群有一段矿山工作的经历。因为矿山稍有疏忽就会出安全风险，让他养成了细心工作的习惯。刘爱群时刻提醒自己，要将测试工作当成矿山挖煤，小心谨慎，一次性把事情做对，不能打回来重做。

从2000年底入职后的十余年，经刘爱群测试的产品质量零缺陷，规范化零缺陷，交货零投诉。这在生产制造部创下罕见的成绩。

除细心测试以外，刘爱群还爱在工作中学习和琢磨：怎么才能把技术做得更好？

刘爱群边干边学，趁着大家去喝水放松的休息间隙，跟在工艺工程师后面观摩取经，记笔记，看他们怎么交流，怎么工作。还利用业余时间报考了通信课程的学习班。日积月累，一些常见的测试技术问题他自己就能搞定。同事们有问题，也都喜欢先找他帮忙。后来，研发定位疑难故障还点名要找他帮忙协助。

几年下来，刘爱群的技术能力不断提高、精进。2008年，华为聚信电装部组织了首届维修技能竞赛，他以理论和实操总成绩荣获电装第二名，被部门任命为"维修专家"。刘爱群的奋斗史显示出，干一行，爱一行，努力琢磨和钻研，坚持锻炼下去，门外汉也能成为专家。

华为员工专注本职工作，还体现在服从企业安排。华为

第 三 章

执 行： 绝 对 行 动 力

是一个组织和纪律性很强的公司。随着业务不断拓展，部门构架频繁调整，人员调动也不可避免。用兵之处，必有用兵之意。华为员工会以"公司安排我，一定有安排的原因"这样的大局观，去迎接挑战。

1998年，30岁的老邓加入华为，从事基站安装工作。进华为前，老邓一直研究有线电视技术，没有基站安装经验，只能在摸索中慢慢上手。好不容易摸熟了业务，老邓就被调去了新成立的工程管理部，做工程管理流程。面对突然的转变，老邓也全无怨言，全心投入到新工作中，一做就是两年。2000年，工程管理流程慢慢有了眉目，老邓也在这项工作中逐渐找到了感觉，没想到，随之而来的是又一次重大职位调整。

2000年，华为启动了ISC变革项目，需要GTS派代表参加。主管听了老邓推荐的几个人，都不是很满意，最后派老邓去。老邓有些犹豫，一是工程管理工作刚刚起步，他获得了成就感。二是参加变革项目组要求英语好，还要对生产和供应链业务熟悉。老邓这两个条件都不满足，更加不懂跟顾问怎么交流，怎么代表部门参加公司级变革项目，但是部门又只放心让他去。他肩上有责任，于是硬着头皮去参加，没想到做得很好。

老邓后来还调过几次部门，面对工作和环境调整，他没有埋怨，而是认真做事，积极迅速地投入到新工作中。

和老邓一样的华为员工千千万万。华为到海外拓展业务时，甚至有许多员工驻扎海外长达10年。其中不乏贫穷的国家甚至战乱国。一位2000年前后参加阿尔及利亚外派小队的华为员工说,他一出机场,就有一个戴墨镜的保镖保护他。因为阿尔及利亚很乱,经常发生外国人被绑架的事。气氛紧张时,他还在街上看见有人持枪扫射。尽管如此,他还是没有打退堂鼓,照样和客户谈判,照样开局,建基站。

华为很多在海外待了十多年的老将,刚调回深圳,就又遇上组织"特战队",要外派出国。他们二话没说,直接收拾行李,指哪打哪。

除了组织调派,不少华为员工还主动承担责任,去前线解决问题。

任正非曾经说:"我们的职业责任感,就是维护网络的稳定。当一个国家危难,方显这个民族的本性与品质。"

2008年5月12日,四川汶川发生8.0级大地震,通信设备全部被震毁。当时在华为成都研究所工作的胡唯脱离危险之后,主动请缨,申请前往汶川抢通。

到达灾区之后,首要的任务就是设计通信应急方案和灾后重建通信方案。第一站,胡唯便随客户去到受灾最严重的广元市青川县。据胡唯本人回忆,那是一段艰苦的日子:"每天吃什么不固定,除了啃干粮喝矿泉水,看到路边卖什么就吃什么。每天住在哪儿也不固定,早上起来拆掉帐篷,穿过各种破损的大道小路去机房,搜集完信息后和客户讨论方案,晚上再找块空地搭帐篷,窝在帐篷里面写方案。"

就在这样近20天的努力之下,华为成功恢复了地震灾区的通信,在之后的抢险救灾中,起到了中流砥柱的作用。

第 三 章

执 行: 绝 对 行 动 力

和胡唯一样,在地震后坚持做好本职工作的华为人,还有2011年日本地震后的朱晓华团队。2011年3月11日下午,一场突如其来的地震袭击了东京。震后第二天,距离东京300多公里的福岛第一核电站发生爆炸,引发核泄漏,整个东京都弥漫着放射性物质。谣言四起,人心惶惶。这时有的公司已经撤到了大阪,还有的公司连员工带家属都送到了我国香港。

但朱晓华和同事并没有撤退。因为他们负责的PTN专线项目,经历了两年的艰苦拓展,距离最后的商用交付仅有20天。只要客户还没有撤退,华为就绝不会撤退。3月14日,项目组依旧按照原计划到新宿工作。华为员工每天一定准时出现在客户机房,继续为最终商用测试冲刺,展现了完美的职业精神。

20. 两人的工作一人担

华为要求员工推进工作时要细致,减少出错率。但这个细致不是故意拖延、扯皮,不能永远没有期限。执行,终究是要把事情做出来了才算执行。如果一味拖拉,弄出一个半成品,只能相当于是烂尾工程。执行要细,同时也要保证效率。

1998年的8—10月,华为行政采购部合同管理处,就由积压发票和入库单引发了一场关于执行效率的思考。

当时,合同管理处要负责境内采购用款申付的收票和核算工作。工作并不难,只是将申付票收入库单,与发票匹配齐全后在系统中核对采购单,确认项目、总金额无误,就可向财务部提付。

这个简单的工作因为被分成收单入库和金额确认两个环节,分别由两个人完成,导致单据传递多次重复,执行效率低下。如果前一工序不能及时做完,后一道环节就必须被迫停下。加上管理中缺乏监控,造成单据严重积压。其中包括积压发票1500多份,入库单2000张。

走不了财务,款项迟迟打不出去,引来了供应商不绝于耳的催款电话,甚至有供应商以货期相威胁。采购员对供应商的承诺不能兑现,在帮供应商催款的同时,也为下一轮采购背上包袱。此外,因单据滞留时间长,丢失单据的现象也时有发生。最后,因为要清查责任人,同事之间多有埋怨、推诿,工作气氛不佳。

在华为的采购执行工作中,申付成了拦路虎。不打虎,路难行。合同管理处决定将原本两个人的工作环节合并为一个人做,并由两个人并行完成等量的工作,接口单一,明确分工和责任,形成效率与质量竞争,因此提高了执行的效率。3个月后,原来两个人完不成的工作,由一个人也能完全承担。

经常有人将"忙"字挂在嘴上,以此来推脱工作,推卸责任。但是华为员工的高效执行证明,只要能力和方法到位,

第 三 章

执 行: 绝 对 行 动 力

可以不加班熬夜，也能做到有节奏地推进工作。

华为员工的高效执行很讲究技巧。

文档管理是华为高效执行的特色之一。信息的有效利用，包括信息查找、共享等，是保证工作效率的基本功。华为希望通过具有条理性的文档管理方式，让员工们迅速地找到所需，绝不因文档凌乱、难以查找而耽误时间。

因此华为员工每天都会做好日常工作计划，预估各个工作事项的耗时及完成时间等相关参数，然后对照计划表找到相应的文档和用具。接下来，员工会根据所需物品的缓急程度，依次摆放。一般来说，较为常用的资料、用具都要放在最容易取得的位置。相应地，使用频率一般的资料、用具放在稍远的位置。已经使用完的资料、用具则要放在不容易干扰自己的角落里，待工作处理告一段落后将之整理、归档。通过这些细节的处理，不为其他事情分心，华为员工就能将工作效率自然而然地提起来。

华为员工对新旧文档的管理也很简洁高效，方法只有两步：一是整理；二是清理。如何整理文档？制作文档检索表，罗列所有文档的名称、关键要素等信息，使查阅时一目了然。同时，定期对文档分型，然后分门别类地收藏。这样既能高效调档，又能将时间省下来做更多工作。有了这些执行方法，华为员工的执行速度大大提高。

高效执行的方式不仅在华为办公室有用武之地，在市场上，也是制胜的法宝。

一直以来，与外国跨国公司比，中国企业就有制度不完善、设备相对落后等劣势,但优势也非常明显。中国人勤奋,华为更勤奋,这在国外已经出了名。华为迅速的反应能力和高效的执行力,是许多欧洲企业欠缺的竞争力。因此,华为才能在商业竞争中活到今天,并且越活越好。这和华为人高效执行的习惯有直接的关联。

21. 执行力制度化

所谓执行力,其实就是各级组织将战略付诸现实的能力。通常而言,执行力与企业的战略密切相关。不过,很多企业在战略制定与执行过程中都容易出现问题。比如,难落地。战略目标虽然好,但是缺乏整体具体可执行的落地体系,则会使战略失去稳定性,执行失去可行性。又如,缺共识。企业制定的战略规划没有在团队之间达成共识,导致管理层各有各的想法,最终无法做到劲往一处使。

总体而言,企业战略要落地,重在执行。而执行的关键在于团队,团队执行力的关键又在于员工。员工的执行力能否落到实处,与公司的制度关系密切。即便一向以狼性精神著称的华为,其高效执行力也并非完全因为员工的主观能动性。华为认为,合理的制度,才是保障员工执行力的关键。甚至说,制度的好坏决定了执行力的质量。

一个常见现象是,在职场打拼许久,已经小有成就的中层管理者,比其他人更容易懈怠。因为此时,他们多数人的收入丰厚,已经实现生活无忧。喝茶看报似乎是他们的日常标配。那么在华为,如何避免这类群体工作懈怠?很简单,制度会"拿你开刀"。因为以制度强化个人的执行力程度,是一种极其有效又简单的方式。

执行力制度化是一个庞大的概念,涉及许多层面的内容。比如,刚进华为,新员工首先要接受的是从学生到职业人转变的培训。在此过程中,执行力制度化的概念会被"植入"员工脑海。例如,新员工培训期间有一条铁一般的纪律:皮鞋、西裤、衬衫、领带,配备齐全且一样都不能少。培训结束后,这一纪律也必须执行。

即便员工通过努力被提拔为中层干部,执行力的贯彻仍然要有制度保障。比如,如果在华为不奋斗或者执行力低下,暂时或许不会有危机。但长期下去,如果仍旧"摸鱼",不仅股权配股不会上升,甚至还会被辞退。

在研发团队方面,华为也始终贯彻一点:要始终确保自己的研发价值观和企业、市场的价值观一致。一旦发现有员工利用公司的资源与环境研发毫无意义的产品,管理者就会与其谈话。如果未改正,员工会被辞退。员工的执行力必须与企业价值取向为标准,否则再强大的执行力,与企业发展而言,也毫无意义。

具体而言,保持高效执行力的有效制度,就是任正非在华为内部推行的绩效责任制。华为要求所有的干部签订绩效承诺书,这一承诺书是根据上一年的工作业绩,制定的来年工作目标。其具体内容包括客户满意度、人均销售收入、销售订货等指标,将指标拆解后,下一层干部就会接受相应任务,签署"军令状"。最后,基层的管理者就会要求员工执行。在具体执行过程中,基层管理者会直接带领队伍,同时从目标、时间、沟通等几个方面,提升员工执行力。最终推动公司整体目标的达成。

将绩效考核与工作成果直接结合,对员工形成了压迫感,并可以更大程度地保障员工执行力。同时,为了保证员工的执行力,华为还设置了三个考核层次。具体包括,持平、达标、挑战。显然,层次越高,难度越大,相应的绩效就越高。而且,在三个层级之间,华为给出的绩效差异较大。因为拉开差距,更能激发员工的能动性。如此,以激励更多员工超额完成任务,同时确保工作价值最大化。相应地,这类员工的晋升也会更加顺畅。

华为宁要三流的点子与一流的执行力,也不要一流的点子和三流的执行力。本质上,在任何企业,执行力都被放在至关重要的位置。如果公司制定了战略方针,而没有具体人员落实,那么公司的竞争力将被大打折扣。

此外,华为还制定了一系列"软性制度",激发团队斗志,建立高效执行力团队。比如,华为在培养干部时,会要求阅读提升士气的书籍,或观看相应的电影。优秀的企业或许都有类似之处。阿里巴巴培养团队执行力时,也要求管理干部观看《历史的天空》《亮剑》等经典作品。

最后,是华为对组织能力的建设。在华为有15年工作经

第 三 章

执 行: 绝 对 行 动 力

历的胡伟曾总结，华为最伟大的地方在于，它不依赖于任何一个干部，或者任何一个人。华为自身就像一个不断生长的生物，它有自身的发展规律。即便今天一个人离开，很快也有下一个人来接替。这是基于，任何一个岗位都有足够的储备干部。不论谁离开，业务照常运转，照常增长。这背后就是华为超强执行力的体现。

今天，谈论一家企业的战斗力时，执行力往往是关键因素。许多企业并不缺乏优质的战略计划，往往缺乏的是执行力超强的团队。计划和目标，都是有关未来的畅想。只有真正落到实处，真正有效执行，战略和计划才能产生作用。而对职场人士而言，拥有超强执行力的人，往往更能得到上级的"青睐"。从这一角度而言，执行力更是职工晋升的敲门砖。

华 为 干 法：

华 为 干 事 业 的 5 2 条 细 则

华为干法：
华为干事业的
52条细则

HUAWEI

第四章

人 本：
以奋斗者为本

企业的"企",上为"人",下为"止",有"人"则为企,无"人"则为止。从汉字的构造来看,人是一个企业的根本。

任正非一直对外坚称华为没有秘密,他说:"我们坚持人力资本的增值大于财务资本的增值。我们尊重知识、尊重人才。"对企业而言,人才乃取胜之本,谁获得了优秀人才,谁就拥有了最大的竞争力。事情都是人干出来的。以奋斗者为本,就是华为最大的公开秘密。

22. 七分靠实践,三分靠帮学

新员工入职,难免无所适从。为帮助新员工迅速融入团队,华为自2012年起,创立并采用了"721法则"对员工进行培训。

所谓"721"法则,是华为认为新员工70%的能力提升来自实践,20%来自导师的帮助,10%来自课堂的学习。这个比例不是华为信口开河得来的,而是在多年培训的基础之上不断修改、调整，最终得到的最合理的比例。

从占比来看，70%的能力提升都来自实践。华为强调"实践出真知"，只有实践才能帮助新员工获得成长。而要想在华为取得一番成就，就得静下心来踏踏实实工作。这也是华为务实态度的一种表现。

为了让新员工尽快熟悉工作岗位和流程，在入职培训的过程中，新员工一定要在真实的工作环境中，进行实际的操作，在学习中实践，在实践中学习。以研发部门为例，新员工在培训时，必须经历许多模拟项目，这些模拟项目都是将来员工可能会遇到的困难缩影。在一个项目开始之前，新员工会在课堂上学习相关操作规范，以及各种工具材料的使用方法，并完成3天的自学时间。之后便是多次的实际演练，并且华为会对演练成果加以评价和打分。

华为花大力气培训新人动手能力，就是希望这些新鲜血液能把注意力集中在实践之上，不要只抱有空想，做纸上谈兵之事。任正非被问到最想对入职的新员工说什么，他回答中有一句："做个踏踏实实的人。"

导师制是华为新员工培训最具特色之处。每一个员工在正式到岗之前，华为都会提前安排一个与之匹配的导师，确保他到岗第一天就有导师陪伴。导师对于员工的培训，不仅是从工作、技术角度展开，而且在生活和精神方面也会进行全方位指导，甚至包括午饭在哪吃，厕所在哪里。

在导师帮助下，新员工能更快地成长起来。根据《华为新员工培养管理办法（修订）》规定，导师的职责有以下

第四章

人本：以奋斗者为本

3点：

① 在思想上给予引导和帮助，引导新员工认同并尽快融入华为文化，严格遵守公司制定的各项规章制度。主动了解并帮助新员工解决工作、学习、生活等方面的困难，使之尽快安定思想，融入工作群体。

② 通过制定培养计划（内容包括为新员工安排学习和工作的内容），对新员工进行业务指导并传授工作经验、工作方法，提高新员工的工作技能。应注意安排新员工边干边学，工作量要饱满。

③ 对需进行转正答辩的新员工进行辅导，帮助其通过答辩。

为了确保"导师制"的顺利落实，华为在导师帮带过程中，会有一个双向的互动过程。导师在对新员工的培训过程中，有权力对员工的能力、态度等进行评价打分，这个分数将决定新员工是否可以继续留在华为。而新员工的工作表现和业务能力的提升也会作为导师的评估标准，并被算入导师的绩效之中。为了让导师制顺利在企业推广，让更多的老员工积极投身担任导师一职，华为还将其纳入员工的晋升考核标准之一。只有担任过导师的人，才拥有升职的机会。

这样一来新员工为了通过培训，一定会接受导师的教导，而老员工为了获得晋升，也会对新员工知无不言、言无不尽。因此，华为新员工有更多的机会掌握更多的专业知识和技能。

接入网硬件部的员工小陈提到，自己和导师之间的学习及指导方式与旁人不同。刚入职时,小陈每周都会收到一封匿名邮件,上面写着一道题目。他收到后非常疑惑,这是部门规定的考前复习?虽疑惑,但是题目还是得做。经过一段时间的学习和实践后,小陈发现,原来每周收到的题目,都是统计出的常见易犯错误案例,对工作的指导性异常精准。而这封神秘邮件,正来自他的导师。导师别具一格的指导方式,让小陈迅速成长为会"打枪"的人。

23. 建立多重赛道

20世纪90年代初,华为艰难创业时,采用"专而优则仕"的传统模式,把技术专家扶上管理岗位。但结果却不尽人意——超过30%的人不适合管理岗。于是,华为只能让这些技术骨干分批下岗。

吃过人才错配的苦头,任正非深知"专而优则仕"这一传统路线走不通,选人用人制度必须变革。

推行职业化管理,是华为形成人才合理晋升的机制基础之一。华为进入快速发展时期后,许多没学过管理理论的干部也走马上任。但团队常使用"游击队"的打法,工作质量青黄不接,与国际化团队的竞争实力相去甚远。在这一背景下,从1997年开始,华为向国际著名管理顾问公司取经,改革人力资源管理体系。并逐步形成了自己的岗位晋升体系——"五级双通道"任职资格体系。

任职资格是指在特定的工作领域内，根据任职标准，对工作人员工作活动能力的评判与审核。即从事某一工作的任职者所必须具备的知识、经验、技能、素质和行为总和的证明。华为的任职资格制度建设，最先从秘书系统开始试行。

秘书系统是维持华为正常管理和发展的力量之一，但却给人一种错觉：秘书只是帮忙做杂事、跑腿儿的。事实也是如此，华为的秘书通常身兼数职，既是人事管理员、行政管理员，又是部门的联络员、公关人员，更是各级领导的助手。辅助的工作做久了，华为的秘书也开始怀疑自己的价值。甚至有华为人直言不讳，秘书这一行不容易干出成绩，发展前途也不大，很多人做秘书，只是出于现实考虑，把它当职业生涯的跳板。

1998年，华为借鉴英国NVQ企业行政管理资格认证，改变了这一状况。华为任职资格认证将秘书工作分为逐渐提高的五个层次，每个层次都有一定要求。并且，针对每一层次，华为都系统地制定了一套本公司秘书工作的标准，建立秘书的行为规范。任职资格认证试行后，秘书就像工程师一样，有了具体的"工作指南"和努力方向。这样，不仅打通秘书职业发展的通道，还极大提高秘书的工作积极性。当秘书对照工作标准，察觉自己的不足以后，进行针对性提高，到一定程度，就能提起某一层次的任职资格认证。

任职资格认证是指对申请人进行相应职业资格坚定的认

证活动，由计划、取证、判断、反馈、记录结论等几个步骤组成。在任职资格认证过程中，考评员会与申请人充分合作，帮助申请人达到任职资格。例如，认证过程中，考评员针对具体情况指出相应不足，让秘书看清自己的工作现状，并制定下一阶段的考评计划。

秘书系统成功试行任职资格管理后，华为开始全面对员工进行任职认证。2001年后，华为还将认证结果与人力资源的其他模块结合，逐渐形成任职资格管理体系。

华为任职资格管理体系包括技术任职资格、营销任职资格、专业任职资格和管理任职资格。每一个任职资格都分为5级，每一级分又为4等：职业等、普通等、基础等、预备等。每一等都有详细的任职资格标准体系。

任职资格认证通过以后，员工并不能一劳永逸。为了避免躺在功劳簿上吃老本，华为每隔两年就会对其进行一次职位资格认证。根据认证结果，再决定是继续留任、晋升，还是降级使用。

通过任职资格管理的牵引，华为形成管理和专业技术两条职业发展通道，分别为：管理通道、专业通道。

专业通道包含技术、营销、专业三条业务线，管理通道则对应管理职位。每个通道都被分为5个任职资格级别。对于管理通道来说，5个任职资格级别分为初做者、有经验者、监督者、管理者、领导者；对于专业通道来说，则对应着初做者、有经验者、骨干、专家、资深专家。

任职资格认证体系中的每一个等级，都分别对应不同的

第四章

人本：以奋斗者为本

能力和岗位职责，相当于是一套人才能力成长与发展体系。新人进入华为后，就有明确的目标，知道该怎么升到更高级别，有清晰的能力提升方向。

职业双通道的开辟，既能让员工能自主选择适合更自己的通道进行发展，做到"人岗匹配"，也能避员工纷纷涌向仕途，出现千军万马过独木桥的现象。

此外，任职资格还能快速选拔出合适的关键岗位人才，以及将能力水平提升与薪酬激励相结合等。华为把任职资格体系的建设与应用落到实处，人才队伍的质量大幅提升，也因此锻造出一支能征善战的"铁军"。

24. 以奋斗者为本

华为内部员工有句话："在华为获得成就感的前提是，你得是个敢拼的牛仔，别只是个想混的马仔。"华为双手拥抱如美国西部牛仔般的淘金者和奋斗者，但是坚决淘汰混日子、拆华为大厦的享乐者。因为华为是以奋斗者为本的公司。

任正非曾说，他将华为的人力资源对象划分为三类：

一是普通劳动者，暂时将生产线上的操作员工定义为普通劳动者。按法律相关的报酬条款，华为会保护他们的利益，并根据公司经营情况，给他们不错的报酬。

二是一般的奋斗者，他们希望每天按时回家点上蜡烛吃饭，回归小家庭的温暖。这是人的正常需要，要允许一部分人不是积极的奋斗者，华为表示理解。

三是有成效的奋斗者，他们为公司创造了巨大的利益，要分享公司的剩余价值。华为需要这些人，并且决不会让雷锋吃亏。

所以，华为的薪酬体系向奋斗者、贡献者倾斜。任正非曾明确表示，薪酬制度不能导向福利制度，要给火车头加满油。如果公司的钱多，应该捐献给社会，而不是养着闲人。不管原本有多大才能，在华为不努力、不奋斗，只能请他离开。

天道酬勤，不能奋斗的人就不是华为人。华为当初能在"七国八制"❶中突出重围，又一路在海外开疆拓土，依靠的正是华为人"不达目的不罢休"的奋斗精神。

截至2020年，华为有19万名员工，外籍员工占有相当的比重。在国际市场上，华为当地的员工占70%，很多人觉得跟中国人可以讲奋斗，但外籍员工能否认同华为的奋斗文化？结果发现，外籍员工依旧认同。

在一位美籍主管眼中，华为奋斗文化的核心要义是：有价值的奋斗。工时并不代表奋斗的含金量，每周工作85小时不一定比每周工作60小时更有成效。评判奋斗的关键在于员工为什么要这么做。如果只是单纯完成任务，交差了事，对

---

❶ 七国八制指80年代中国通信市场上总共有8种制式的程控式局用交换机机型，且分别来自7个国家。

第四章

人本：以奋斗者为本

任务本身以及结果并不关心,即便每周工作85小时,也不过是看起来很努力。而每周工作60小时的员工不满足简单完成任务,而是进一步思考怎么做才能创造更多价值,这就是任正非所说的有成效的奋斗者。

华为之所以有员工持股计划,正是因为重视奋斗者精神,让优秀员工共享企业发展红利。华为坚持,只有奋斗者才可以获得认购华为股权的资格,贡献越大,可以认购的股权数量就越多。华为实施员工持股计划,就是将员工与公司相捆绑,让员工和公司一起分享利润,承担损失,鼓励奋斗。

据启信宝数据显示,截至2020年7月1日,任正非个人的持股比例从0.94%降至0.88%,华为投资控股有限公司工会委员会的持股比例则从99.06%增至99.12%。

在一次英国媒体的采访中,英国记者向任正非提出了这样一个问题:"您基本上是把自己的公司,分给了员工。想问一下,为什么您要这么做?因为您要是不分,会成为一个非常有钱的人。"而任正非给出的回答是:"不是我把自己的股权分给了员工,让自己成不了大富翁。而是这么多员工团结奋斗,让公司成功了,大家一起来分享。这些创造者除了分享工资、奖金、福利,还分享了公司股权。"

任正非这一回答,正体现了华为以奋斗者为本,不亏待雷锋的企业风格。而工资、奖金、福利、股权等丰厚的收益,也成为员工持续奋斗的驱动力。华为员工不是为企业打工,而是为自己打工。

25. 付出就有回报

华为信奉：科技是第一生产力，人才是最宝贵的资源。

首先，华为致力于为人才提供更好的条件，因为优越的待遇是其尊重人才的方式之一。1993年，初来华为的一位员工曾在《华为人》上写道："这里的实习条件和生活条件令我们惊讶和振奋。据说，华为人均一台计算机。这些带彩显的286、386机一字摆在面前，对摸惯了单显PC8088机的学生来说，是多大的满足啊。"

2020年，华为最高档天才少年年薪新闻引起热议。任正非曾在华为经营管理团队内部讲话中提到，要从全世界引进20～30名"天才少年"。自2019年6月华为最初在公众面前透露天才少年项目以来，已经有数位天才走出校门便斩获百万年薪。比如，入职华为的2020应届生中，张霁年薪最高档为201万，姚婷年薪为第二档156万。

天才少年的薪资惹人称羡，但其选拔标准非常严格，通常需要经历7轮左右的面试。包括简历筛选、笔试、初面、HR面试、主管面试、部长面试、总裁面试等。面试环节环环相扣，难度极大。不过，一旦被华为"相中"，人才就会获得优质待遇。

外人羡慕华为，多数员工的月薪比普通人的年薪还高。老板羡慕华为，19万员工每天为企业全力以赴。本质而言，华为内部形成了一个正向的循环。员工清楚，自己的付出一定会得到等量的回报。企业清楚，做出成绩的员工值得优越待遇。这样一个双向齿轮咬合紧密的组织，有梦想的激励和金钱的刺激，可谓深谙人性并释放最大潜力。

无独有偶。2020年10月，华为北京博士后工作站正式揭牌成立。一般而言，中国的博士后工作站都是高校或者科研机构主管，由公司成立实属罕见。而且华为给入站的博士后开出的同样是极具吸引力的高薪。华为相信，金钱与实力匹配，努力做出成绩的人，值得更好的一切。高薪，是对人才的基本尊重。这也是华为所提出的劳动所得，要高于资本所得的概念体现。

其次，华为尊重人才的表现在于包容人才多元化、差异化。1996年，华为起草《华为基本法》时，写入了一句话——尊重个性，集体奋斗。企业当中，尊重个性常常被当作空话，因为这极容易导致企业环境松散。不过，因为华为一半以上的员工都从事研发工作。研发需要一个相对宽松的环境，以保证工作人员思维活跃。所以华为需要营造的是自由而不松散的企业环境。有意思的是，华为在尊重个性后，又加上了集体奋斗。这八个字看似相互矛盾，但真正融合在一家企业之中，不是易事。

华为不仅是一家中国公司，在美国、日本、法国、印度、德国等国家，都有其研发中心，因此华为人才更是遍布各地。2019年1月17日，任正非接受央视记者董倩专访时，提到了华为的人才数量——华为至少有100多名化学家、700多名数

华 为 干 法：

华 为 干 事 业 的 5 2 条 细 则

学家、近900名物理学家、近8000名基础研究专家，以及将近70000名工程师、高级工程师。如何做到将遍布世界各地的人才网罗于华为？

一位爱尔兰官员曾问过华为："为什么不将研究所开在大城市，反而开在如此偏僻的地方？"华为回答："因为你们爱尔兰有个科学家不想离开自己的家乡，所以我们只好在他的家乡给他开个研究所。"或许这就是华为网罗人才的答案。

一位2017年入职华为制造部的员工提到，在华为感触最深的就是领导非常尊重知识、尊重人才，这是吸引他来华为的主要原因。尊重的具体表现在于，当时他参与分析问题，提出一个假设。领导就说，你就是要坚持你的观点，要大胆假设小心求证。错了也没关系，错也能吸取经验教训。

但与此同时，华为并非在人才方面做得十全十美。2019年，华为心声社区上的总裁办电子邮件显示，华为研发体系博士类员工近5年累计平均离职率为21.8%，入职时间越长，累计离职率越高。2014年入职的博士，4年后只有57%留下。不过，制造部2015—2019年累计招聘博士54人，离职率仅为7.7%。

同一家公司出现两种截然不同情况，这是一个很耐人寻味的现象。华为深入研究后，发现研发体系博士高离职率的背后，是英雄无用武之地。简单理解，就是招进人才后没有人尽其用，而是放在了错误的位置。离职员工提到，原先说是硬件岗位，来了却安排做算法。同时，转岗难，政策不透明，人才被限制在一隅。即便有高薪加持，但如果岗位工作

第四章

人本：以奋斗者为本

与个人需求出现不对等的情况，离职或许是一种选择。

因此，作为尊重人才的一大方式，人尽其用显得尤为重要。早在创业期间，华为虽然规模小，但是其产品瞄准了国际尖端技术。这种挑战性对于优秀人才可谓极具吸引力。1992年，还未硕士毕业的李一男进入华为实习，并很快被委以重任。虽然订购的20万美元开发工具无法派上用场，但是任正非并未因此惩罚李一男。不久后，李一男再次提出大胆设想，并促成了C&C08 10000的成功。这一产品是带领华为走出困境的重要产品。让更有冲劲、更有能力的人上，相信其专业，最大化实现人尽其用，是早期华为吸引人才的普遍情况。随着企业越做越大，人尽其用在某些方面脱节，华为自身也在进行调整。

正如任正非在《华为基本法》制定时，特别强调起草的目的是："要构建一个平台，构筑一个框架，使技术、人才、资金发挥出最大的潜能。"在这样的组织内部，既有人尽其用，也有物尽其用。

26. 关怀要去形式主义

以人为本是华为竞争制胜的关键，但是在华为内部，重物质轻精神的现象却又比较普遍。一方面，华为激烈的竞争机制让员工压力巨大，常常熬夜加班赶项目，次日又要准时上班。另一方面，简单粗暴的物质奖励满足员工需求的同时，又显得过于冰冷。

一位名叫"龙王庙"的员工在华为心声社区发帖提到，华为最大的问题就是缺乏人文精神和人文关怀。这导致大部分人如老板所愿，成为被控制的欲望机器。相应地，对这一观点，有人支持也有人反对。但无论如何，人文关怀确实是一家企业必不可少的基因。

2008年左右，华为内部常有员工身患抑郁症。任正非得知此事后深感焦虑，立即写了慰问信。他表示，员工中患忧郁症、焦虑症的人不断增多，令人十分担心。但他思考再三，不得其解。只得依据自身经验，鼓励患病员工战胜疾病。

与此同时，华为启动人文关怀相应举措。《2008华为社会责任报告》中明确提出，设立首席员工健康与安全官，并进一步完善员工保障与职业健康计划。针对员工身患抑郁症这一问题，华为荣誉部安排专业心理医生，专门帮助员工梳理调节身心。

华为并非只是冷冰冰的企业机器，其人文关怀分为三大类，包括职业关怀、节日关怀与家庭关怀。

节日关怀，是指在中西方14个重要节日对员工进行慰问和关怀。以春节为例，华为会进行在岗员工慰问、组织主题活动、到部分特殊贡献员工家中慰问。

家庭关怀则是对员工家庭家属进行慰问，包括生日祝福、健康关怀、子女关怀、父母关怀。生日祝福包括组织活动给予惊喜以及赠送礼物。

第 四 章

人 本：以 奋 斗 者 为 本

2005年，入职华为不久的张俊涛提到，从小到大收到过许多生日礼物，但收到来自华为的生日礼物时，心中还是不免震惊。当时张俊涛进公司不到一周，组长将一个印有华为Logo的保温瓶发到了他手上。这份礼物迅速拉近了他与公司的距离。另一位华为员工发帖表示，自己父母遭遇车祸之际，公司迅速批假让他回家照顾父母。层层领导都打来电话表示慰问，这让他感到非常温暖。

职业关怀则是入职后的全方位关怀，具体包括欢迎会、赠送礼物、指定师傅、建立员工关怀信息卡等举措。

比如华为设计了一个名叫沟通牌的小游戏。一局游戏30分钟左右，既不耽误日常工作，还能让员工在工作间隙适当放松，感受到组织的温暖。

沟通牌的玩法是：一共六副牌，共计600分；一共6人或者8人，组队分成3V3，或者4V4的形式；双方间隔坐；一方先拿到大于或等于300分的成绩就算胜利。

具体的出牌规则是：

① 先出牌：红桃3数量居多者先出牌，红桃3数量相等则以3的总数最多者先出牌；

② 出牌方向：逆时针；

③ 出牌结算：当A出牌后，按顺序一一确认无人接牌后，回合结束，此回合中的相应分数归A所有，并由A出牌开始新的回合；

④ 没有顺子、姐妹对、同花，不能带牌，也就是平时斗地主里的三带一等玩法；即：数字相同的牌才能一起出，只

华 为 干 法：
华 为 干 事 业 的 ５ ２ 条 细 则

有单牌、一对、三个、四个……四个（含）以上是炸弹；

⑤ 炸弹可管四个以下的非炸弹牌；

⑥ 炸弹大小比较：炸弹线数多的大于炸弹线数少的，相同线数的数字大的赢；

⑦ 大小王（又称"大小猫"）属于不同数字，王炸的线数按照$2N-1$计算，且为同线数炸弹中最大的两个炸弹（N相同时，大王炸大于小王炸）；

⑧ 胜负分出时比赛结束：

A. 一方先拿到≥300分赢牌，比赛结束；

B. 一方全部成员先于对方跑完手牌，比赛结束；

⑨ 分数归属：当双方均有未跑完牌的成员时，一方成员非最后一个跑掉所有牌的，该成员手上的分数属于己方；当A方的所有成员均已跑掉所有手牌，则B方未跑完牌的成员已抓取的分数属于A方；

⑩ 沟通规则：本方成员间可以用明文交流，以便队友互相配合出牌；禁止使用暗号，信息必须以广播形式分发到在场人员；交流信息可包含且不限于你想要什么牌，你能不能跑掉，要不要用炸弹；当然对手也会把这些信息听进去，所以要选什么该说，什么不说，或者什么时候透露错误的信息，虽然一伙的被骗了，但对手也被骗了。

这样一个小游戏，在华为很是流行。华为每个人都要会打"沟通牌"，"沟通牌"可以增进玩家之间的交流，在这个游戏中能够很好地反映出玩家的性格和处事风格。

"沟通牌"要求发挥每个队员的主观能动性和判断局势

第四章

人本：以奋斗者为本

的能力。在玩这个游戏的时候，玩家必须要了解队友和对手的性格特点。在游戏的时候，需要时时刻刻观察队友和对手，做好己方的沟通，然后伺机出手，一举拿下游戏。这个游戏不但增进了员工之间的交流，还让同事之间更加亲密无间。

现任华为消费者BG CEO余承东提到："去除形式主义，让文化氛围更加简洁高效。尊重差异、开放包容，让每位在这里工作的人感受到关怀与尊重，人尽其才。"人文关怀是企业归属感打造的有力举措，它发挥的作用并不比物质激励小。关注员工的精神世界，形成具有人情味的企业环境，有利于增强企业凝聚力。

27. 奖励讲究仪式感

在心理学中，奖励被看作是一种强化。当强化增加时，相应的行为也会增强。在企业中则表现为，奖励越多，员工的奋斗也就越多。为激励员工奋斗，华为建立了较为完善的奖励机制，颇有千金散尽为人才的大手笔作风。

华为的奖励有两大特点：一是高覆盖率，二是奖励形式多元化。

任正非本人非常重视奖励，他一直呼吁：华为要"遍地英雄下夕烟，六亿神州尽舜尧"，而不是"几个英雄下夕烟，十三亿神州几舜尧"。因此，华为的奖励设置覆盖极高，并且体现在两个方面。

首先是得奖率高，从2015年开始设置的"明日之星"奖，就按照部门总人数50%的比例进行评选。这一评奖比例"颠覆"了评奖只评"三甲"的传统模式，让华为"英雄辈出"。因此第一届评选，华为就评出36058位明日之星，每人都奖励一枚奖牌。奖牌特地委托巴黎造币厂制造，这家诞生于公元9世纪的传统制造厂，是欧元唯一的指定制造商。

其次是奖项设置丰富。仅在市场类别，华为就设有：竞争优胜奖、战略项目奖、区域能力提升奖、最佳销售项目、最佳交付项目、最佳专业支撑、最佳机关支持、战略竞争奖、特别贡献奖、优秀小国经营奖、代表处经营优秀奖、区域优秀BG、优秀大T及子网系统部、优秀单国运营商系统部、地区部综合绩效奖……除这些以外，华为还设有若干奖项。粗略统计，在华为一年一度的市场部晚会上，发出的各种奖项有360多个，获奖的部门及个人达到887个。晚会总时间四五个小时，有3个小时都用来发奖。这还只是市场部一个部门，整个华为到底设有多少奖项，或许没有人能给出一个准确的数字。

而设立于2013年的蓝血十杰奖，则是华为管理体系建设的最高荣誉奖。这一奖项名称来源于美国作家约翰·伯恩的《蓝血十杰》，旨在表彰那些为华为管理体系建设做出历史性贡献的个人。该奖项对获奖者的检验往往需要很长的时间，所以授予的人里面有可能出现已退休或离职的人员，但历史

第四章

人本：以奋斗者为本

功臣永远值得铭记。

除了以上奖项,华为还有很多有特色的奖。比如"大锅饭"奖,又称"火锅"奖,就是人人有份,无差异、利益均沾、普惠式的奖励方式,但有一个特点:不定期。只有特殊情况下,才会发放"大锅饭"奖。2014年10月,华为决定将反腐败收缴而来的钱平均分发给员工,奖金就随11月工资一起发放到员工的工资账户。2015年,华为推行各项管理改进活动,在员工努力下,共节约了超7亿美元的管理成本,为使员工从中受益,并促使持续管理改善,华为直接拿出1.77亿美元奖励员工,华为员工的银行账户上便多了1000美元。"大锅饭"奖旨在让全员参与,才能构筑坚实基础和激发强劲动力。

家属奖也是华为特色奖项之一,设立于2009年。顾名思义,家属奖的获奖对象是华为人的家属。市场部大会上,任正非亲自颁奖时指出:"我们奋斗的目的,主观上是为了自己和家人幸福,客观上是为了国家和社会。最应该获奖的,应该是我们员工背后几十万的家人。其实他们才真正非常伟大。他们忍受了多少痛苦,才成就了华为,没有他们就不可能有华为的今天。"

华为也设置了相应特色的公司级大奖。2000年12月8日,市场部集体大辞职4周年之际,华为召开纪念大会,向当年参与集体大辞职的所有人员,颁发了"市场部集体大辞职"奖。奖牌是金质纪念牌,表明集体大辞职人员的精神至高无上。

华 为 干 法:
华为干事业的52条细则

除了华为的奖项有特色，华为奖品也有特色，甚至可以说很"奇葩"。比如说，研发人员的奖品就是装裱的报废的板子；用户服务人员的奖品是装裱的使用过的机票；生产制造人员的奖品则是一筐废铜烂铁边角料。这些奖品看起来一文不值，但对于华为人来说，具有里程碑的意义。对于获奖者而言，甚至比金牌还重要，这代表华为人常说的"汗水和青春"。

华为奖励的另一大特点是奖励形式多元化。除了奖牌，华为还给获奖者直接发钱。任正非的经典语录之一是："什么是人才，我看最典型的华为人都不是人才，钱给多了，不是人才也是人才！"

华为在物质报酬上绝不会亏待雷锋，一线销售员工只要业绩足够好，可以拿到比副总裁还多的年终奖。华为员工职级分为0～26级，一般应届毕业生进入华为都是13级员工，月收入约为15000元，员工层级越往上，薪酬和年终奖越高。以17、18级员工为例，算上股票和林林总总的奖金，单是年终奖就超100万元。这说明，华为的货币奖励绝不是画在纸上的大饼，而是实打实的回馈。

"小改进，大奖励，大建议，只鼓励"是华为奖励的基本原则，带有典型的华为特色。一如华为上下皆重实事，而轻空话。

华为奖项名目繁多，颁奖已经成为一种重要的日常行为，华为因此还设立了专职的奖励管理部门——荣誉部。荣誉部隶属华为人力资源部，设立于1997年，第一任部长由任正非亲自担任，重要地位可见一斑。荣誉部主要职责之一就是贯

第四章

人本：以奋斗者为本

彻华为"小改进，大奖励"的精神，不断建立和完善荣誉奖管理制度，组织推动各部门荣誉奖工作的开展。除了常规的奖项工作外，荣誉部还兼具荣誉体系队伍建设及人员培养、组织氛围管理、员工个人诚信档案管理等职能。

华为如此重视奖励工作，本质也是为了激励员工的工作热情和创新精神，提高工作效率。华为心声社区上有"荣誉殿堂"这一专区，历年的各类获奖信息、优秀事迹、先进榜样都汇聚于此，供大家随时查阅学习，不断激励华为人提高效率。

华为奖项虽多，但设置的每一个奖项，都有其目的和评选的标准，比如金牌奖，就是为奖励为公司持续商业成功有突出贡献的个人和团队而设立。华为每年都会有30余名金牌员工代表在华为深圳坂田基地与任正非合影。2008年设立天道酬勤奖，则是为了激励长期在外艰苦奋斗的员工。到2018年，天道酬勤奖设立十年间，华为共授予获奖人数已达2847人。授予对象为：海外累计工作10年以上，或在艰苦地区连续工作6年以上的华为人。奖牌为水晶材质，印有华为广告中著名的芭蕾脚，上书罗曼·罗兰名言：伟大的背后是苦难。

28. 绝不能踩红线

激励措施作为一种管理员工的手段，在企业发展过程中尤为重要。它通常被划分为正面激励和负面激励两种，其中像华为的升职加薪、股权分配等，属于正面激励；而通过一些措施创造出令人不愉快乃至痛苦的环境，以此来弱化员工的某种行为，使企业能更好地向目标发展的行为则属于负面激励，最常见的负面激励措施就是惩罚。

中国企业在发展过程中，很容易产生一个误区：把以人为本局限在正面激励之中，而对于惩罚充耳不闻。企业不敢施罚，管理者不敢言罚，员工不愿认罚，是部分企业的真实写照。实际上，一味地强调正面激励很有可能会导致员工需求的不断扩张，当需求扩张到某一程度，奖励就再也无法实现正面激励的作用。这时，就需要惩罚这种负面激励来起到有关的正效应。

惩罚有其必要性。

首先，惩罚机制在企业发展之中，最直观的作用就是约束和控制员工行为。一家企业，不论给予员工多高的自由度，始终要有一条不可逾越的底线。这条底线是企业设立的最低行为准则，它有助于帮助员工修正犯错动机与行为。

其次，可以通过惩罚给予员工适当的压力，保证企业的内部活力。对于当事人来说，惩罚威胁到了有关利益。为了摆脱这种威胁，员工不得不化压力为动力。

最后，惩罚的目的绝不只是惩罚，它是为了培养组织工作中的良性氛围，促使全体员工可以自律、自觉地朝规范合理化方向发展。企业要明白惩罚只是一种手段，不能让它成为企业管理中的主旋律。如果惩罚过于频繁，会让员工心生

第四章

人本：以奋斗者为本

不安，影响其工作效率，还会造成企业内部上下级关系紧张，破坏内部凝聚力。只有正确认识并理解惩罚在企业发展中的意义，才能更好地将其应用于实践之中。

在华为内部，有着一套严明的惩罚体系，任何违章违纪的行为，都会受到应有的惩罚。按华为技术有限公司高级管理顾问吴春波所说，这些惩罚包括但不限于：警告、通告、罚款、降薪、降奖金等级、职位降级、考核等级下调、劳动态度考核等级下调、扣发奖金、赔偿损失、无权获得当年度虚拟受限股分红、收回以往年度虚拟受限股分红、记入员工纪律处分数据库或记入员工个人诚信档案等，直至除名、劝退或送交司法处理❶。可以看出，根据错误的大小，其惩罚力度也不一而同。

如果是业务绩效不合格，其奖金、薪资会视具体情况扣除。如果发生重大的工作失误，给公司造成不良影响，还有可能降职降薪。2019年初，华为官方账号发布新年快乐祝福时，右下角显示该条消息来自iPhone手机，一时间华为沦为互联网的笑点。事后，当时官方账号运营的两位员工因为对华为品牌造成损害被给予通报批评，个人降职一级，月薪下调5000元。

健全的惩罚体系是惩罚机制建成的基础，只有明确的制度规定，才能在执行过程中实现"有法可依"。此外，惩罚作

---

❶ 吴春波. 华为的惩罚 [EB/OL]. [2018-02-24]. https://www.sohu.com/a/223728354_343325.

为负面激励，意味着剥夺利益。如果被惩罚者感到不公，则会严重弱化其行为动机，在组织建设中产生负面作用。这与建立惩罚机制的初衷相悖。在制度面前人人平等，保持公平公正，让员工信赖企业的制度，他们才能接受这种负面激励。在华为，从来不会出现法不及"权贵"的现象，相反，掌握权力越多的人，受到的制度约束也同样越多。

2013年华为召开当年的市场大会，对徐文伟、张平安、陈军、余承东、万飚这5位高管，给予"从零起飞奖"。说是奖励，实际上是对这五位高管的惩罚。早在项目立项初期，内部就立下"不达底线目标，团队负责人零奖金"的承诺。当时企业正处于转型初期，同时全球通信设备遭遇寒冬期。虽然团队全员奋勇拼搏，整体业绩也在大环境的影响下稳步增长，但企业BG业务距离"军令状"仍有一定的距离，因此5位高管只能拿到"零奖金"，要知道2012华为年终奖总额高达125.3亿元，人均到手在8万元以上，5位高管失去的奖金只多不少。他们带头放弃奖金，损失的是金钱的奖励，但收获的是整个制度的加固。

类似的高管惩罚在华为时有发生。2018年，华为部分经营单位因为业务造假被开除，而有关管理层因为没有起到监管责任，也被问责。其中任正非不仅在全公司被通报批判，同时还被罚款100万元。从常理来看，底下部门业务造假，和公司总裁并没有任何直接关系，任正非既没有参与造假，有没有支持造假。但任正非坚持业务造假的出现是自己作为

第 四 章

人 本：以 奋 斗 者 为 本

管理层的监管不到位，这些惩罚措施是对自己的警醒。

　　华为通过建成完善的惩罚体制，并坚持在制度面前的平等，保证了惩罚在企业内部的激励作用，很大程度上促进了华为的进步。

华 为 干 法：
华 为 干 事 业 的 5 2 条 细 则

华为干法：
华为干事业的
52条细则

HUAWEI

第五章

团 结：
狼狈为"坚"

任正非说:"人才不是华为的核心竞争力,对人才进行有效管理的能力,才是企业的核心竞争力。"华为多年的发展是聚焦在主航道的成功,更是凝聚团队的成功。

华为的团队建设,严格遵循这样一个工作原则:不过分夸大团队作用,不故意贬低个人的能量。华为强调团队精神的基础上,也强调每一位员工的自我表达。这是华为的团队原则,是华为工作中团队管理的重要部分,本章就具体来解析一下,华为是怎样带着一个庞大的团队一路往前的。

29. 团结一切可以团结的人

商业竞合是如今的大趋势,但华为的竞合意识似乎更早。2010年,任正非就曾表示:"华为跟别人合作,不能做'黑寡妇'。"黑寡妇是一种拉丁美洲的蜘蛛,这种蜘蛛在完成交配后,雌蜘蛛会吃掉雄蜘蛛,作为孵化幼蜘蛛的营养。

华 为 干 法:
华为干事业的52条细则

任正非有此呼吁，是因为华为早年与别的公司合作，一两年之后，就把这些公司吃了或甩了。有点过河拆桥，不够气度。任正非看得很长远，华为已经足够强大了，不能再小肚鸡肠，鼠目寸光，内心要开放一些，看问题再深刻一些，不然就成楚霸王了。除了你死我活的竞争方式，同行之间，一定还有更好的合作模式，实现共赢。

学会分享

在竞争的环境中，很多企业会实行"焦土政策"。即实行垄断主义，尽量将其他对手完全赶出市场。可是任正非却从来不这么想。虽然华为已经在一步步抢夺爱立信、诺基亚等公司的市场份额，但任正非坦言，华为从来没有想过要蚕食诺基亚、爱立信，也没有想过要将它们完全赶出市场，或者消灭它们。他认为，这是一种合作竞争机制下的必然结果。他更希望华为和其他公司一起将整个市场做大做好。任正非甚至在华为内部要求，必须把竞争对手称为"友商"。

华为常务董事、产品与解决方案总裁丁耘说过："所有人都担心华为会成为产业的独食者，而我们认为作为领导者第一是领，第二是导，而带领合作伙伴一起做，对于华为来说是一个挑战。"针对这一观点，任正非提到了一个专有名词：分享制。

在任正非看来，这个信息社会长大的速度，比华为能力成长的速度快得多。不然华为也不必提倡奋斗文化，大家没事打打高尔夫球、喝喝咖啡，日子过得更美。但是资源永远是稀缺的，华为在跑，别的国际同行也在跑，苹果公司大得连削皮都不知道如何下手了。市场已经足够繁荣，这是企业共同合作发展、满足社会需要的机会。华为的分享制由此从资本与劳动的分享实践，逐步扩展到对客户、供应商分享成功。华为旨在与领导世界的先进公司合作，共同制定标准、路标，形成生态竞合，一起为社会做出更大贡献。

华为的这种分享并不是一种平均主义，而是建立在各自生存和利益需求的基础上，彼此在合作分享关系时，还需要相互竞争。换句话说，华为需要把握自己的市场份额。而至于如何来把握这个份额，如何掌握好自己的市场生存空间，这需要公司提出明确的科学战略思维。

2014年，任正非在"后备干部项目管理与经营短训项目"座谈会上发表讲话。当时他提出了一个非常有趣的观点：在争抢大数据流量机会点时，华为最好去争取市场上1/3左右的份额，剩下的要留给竞争对手，不能挤占所有的空间。

当华为成为世界上最好的通信设备制造商时，很多人都建议任正非乘胜追击，在国际市场建立自己的垄断地位。但任正非没有耳根子软，非常理性地考虑，即使华为成为行业的领导者，也不能独霸天下。历史证明，成吉思汗独霸天下后，就是盛极必衰，滑向灭亡的深渊。华为不能做成吉思汗。华为的立足点是建立平衡的商业生态，而不是把竞争对手赶尽杀绝，要努力通过管道服务全球，又不能独占市场。

华 为 干 法 ：
华 为 干 事 业 的 5 2 条 细 则

华为认为，学会分享，与友商共同发展，才能创造出良好的商业生态环境，华为才能走得更远。

互惠互利

华为提倡的合作共赢，是包括产业链之内所有公司的合作共赢。

长久以来，由于技术限制，市面上的手机材质大都以塑料为主，虽然轻便，但缺乏质感。华为尝试过金属机身，但金属加工难度太高。

制作Mate7手机时，华为将其定位于中高端手机。既然是高端，手机外表材质一定需要金属工艺。但是华为知道手机制造业内，单纯的金属切割无法满足产能。既然手机制造业内没人能做到，那么外界会不会有符合手机制造的加工工艺供应商呢？

在仔细筛选时，一家汽车制造商引起了华为的注意力。虽然这家供应商生产汽车，但在金属加工方面经验丰富。为什么不把它的加工工艺技术，用到手机上呢？这是一个大胆的跨界合作，在华为之前没有人尝试过。

在华为找上门时，供应商也表示很惊奇。虽然工艺相同，但毕竟手机和汽车在体积上有着明显的差别，能不能实现仍是一个未知数。不同于传统观念中的切割技术——将一块不锈钢切割成手机的大小，这家汽车制造商提供的是冲压技术。

第 五 章

团 结： 狼 狈 为 " 坚 "

也就是把金属块砸成手机的形状,如果可以实现,便能大大减少生产成本和生产周期。

一开始,冲压力度掌握不好,手机壳出现大量反弹。华为决定增加流程,在冲压前把物料放到高温中定型。但即使这样,还是无法保证精度。因为制造汽车时,如果车身出现几毫米的缝隙,是无关痛痒的,但对手机来说,零点几毫米的缝隙都会被无限放大。

为了解决这个问题,供应商也积极合作,派出二十多个技术人员,每天和华为研发团队一起在车间攻关。冲压、定型、磨平、抛光等一系列工序,一道一道地进行。

在长达半年的日日夜夜中,成功制造出来金属机身的手机壳,Mate7一经发售,其汽车工业打造的机身便广受好评。在这个过程中,华为和汽车制造商建立了深厚的友谊,并打算互惠互利,长期合作。

将共同利益放在首位

在任何企业,团结合作都是一个双层概念。一方面,是企业与外部的合作。另一方面,是企业内部员工的团结。就外部层面而言,华为将互惠互利,合作共赢最大化。团结一切可以团结的人,成为华为极具特色的办事风格。

2001年,IT危机袭来,行业内的企业纷纷倒闭。华为面临着巨大压力的同时,决定加快国际化进度,将目标锁定美国市场。但美国思科公司对于华为的到来，心有忌惮。于是在2003年1月，思科公司突然起诉中国华为公司，其理由是华为侵犯了思科的知识产权。

一时之间，华为压力巨大。如何化解危机，打赢这场官司？华为想到了一个绝佳的主意——与3Com公司合作。这是一家与美国政商界交好的公司，华为与其合作组建合资公司，对方自然会帮自己说话。更重要的是，与3Com合作还能帮助华为打开美国市场。果不其然，最终这场合作不仅帮助华为摆脱官司纷扰，还助力其打通美国市场。

商业竞合是未来的发展趋势，合作共赢是企业的发展方向。正是如此，海尔提出协同式创新平台。即便海尔本身没有人能做开发，但基于这个平台，其他非海尔人也可以参与。腾讯则提出要做"连接器"，与各个行业产生连接，取得行业共同成长。2019年，华为在确定迈向2025年的战略时，也提到自己要做一个连接者。

企业提倡积极合作的同时，员工也需要寻求合作。合作是一个含义很广的概念，正如前文所言，一方面是公司层面的合作。在这方面，华为与客户进行谈判时，会坚持一个原则：始终将双方的共同目标与利益放在首位。

另一方面，是个体与个体之间的合作。这一合作可以分为平级合作、跨级合作等。不同的合作组合，能碰撞出不同的火花，对双方而言都是一种提升自我的途径。正是如此，任正非鼓励员工主动接触更多人。具体而言，这类合作需要掌握华为极具特色的灰度理论。即不以非黑即白的标准评价

第五章

团　结： 狼狈为"坚"

他人,而是尽量模糊自己与他人的界限,以达到一种平衡。最终,达成团结一切可以团结的人的目标。

30. 是狼,更是狼群

杨小波说:"很多人说华为狼文化很可怕,我说这些人只看到了'狼'字,没有关注'群'字。华为是很讲团队协助的。"

华为之所以强调"狼群"而不是"狼",是因为狼虽然凶狠、狡黠,有敏锐的嗅觉和旺盛的攻击欲望,但一只狼终究只是一只狼,在面对狮子、老虎和猎豹等其他野兽时,优势并不明显。所以为了生存下去,狼往往会以群体的形式出现。狼群内各司其职,相互合作。这就是团队的力量。

一个好的团队,仿佛人的五根手指,只有握紧、抱成一团,才能发挥出很大的力量。正如任正非所说:"一个人不管如何努力,永远也赶不上时代的步伐,更何况在知识爆炸的时代。只有组织起数十人、数百人、数千人一同奋斗,你站在这上面,才摸得到时代的脚。"

华为在研发 IP(Internet Protocol,互联网协议)网络时,需要重新开发一套路由器设备上的软件操作系统 VRP8(Versatile Routing Platform,通用路由平台),以此来支撑公司 IP 操作系统的长期发展。为了完成新操作系统的研发,华为立刻召集了21名构架师集聚北京研究所。这些人都是各自领域的专家，现在为了同一个项目，同一个目标，反复雕琢，精益求精，开始研究架构设计。在所有人共同的努力之下，最终承载着VRP8的核心路由器首次亮相，并在各项性能中名列第一。

曾经有竞争对手这样评价过华为："这是一场你很难赢得的竞赛，因为你永远会发现自己面前站着一群华为人。"

显然，华为的成功带有很强的群体印记。正是如此，当评价华为走至今日所取得的成就时，人们常说这是一群人的成功，是华为大批出色员工努力的结果。正是如此，华为针对办事处提出了狼狈组织计划。狼具有敏锐的嗅觉和坚持到底的决心，狈很聪明，但是因先天条件无法单独作战。但狼狈合作，便如群狼一般，是一个完美团队。

"胜则举杯相庆，败则拼死相救"是华为狼文化的核心。任正非强调，团队的凝聚力什么时候都不能减弱，一旦减弱了，企业走下坡路的过程会非常迅速，甚至是刹那之间。狼群中的老狼不能"老"，尤其是中、高层管理人员，要有随时准备战斗的状态。正如任正非，作为华为最大的狼王，即便已经70岁，他始终保持战斗的激情，时刻都处于战斗状态。

华为强调，这是一个群体奋斗、群体成功的时代。别人干得好，要替他高兴，别人干得不好，就要帮他干好，这便是群体意识。要保证团队集体奋斗，就要从制度上巩固"胜则举杯相庆，败则拼死相救"的传统，从激励制度上保证后方支持团队与前方作战团队以及协同作战的团队一起分享胜

第五章

团 结： 狼 狈 为 " 坚 "

利果实。

　　为什么许多效仿华为狼性文化的企业难以取得成功？实质上，华为真正的文化核心是群体奋斗，并以此为基础打造出了一支持续战斗的狼性团队。并且，华为用各种激励制度将团队的狼性保持并继承下来，为团队成员构筑起一个宽松的奋斗环境。当机会出现时，自然就会有一批领袖站出来，争夺市场先机。

　　利比亚发生战乱时，友商出于安全考虑，选择了撤退，但华为人却没有选择撤。当然这不是拿员工性命开玩笑，而是在华为危险评估小组的评估后，觉得危险系数不大，才选择留下。留下基于两点考虑，其一，在动乱时，保障客户的通信顺畅，与客户共命运，无疑会增加客户的信任度。其二，华为尊重员工，如果愿意留下就留下，不愿意留下就回国。当然，留在利比亚的员工全部升职、加薪。

　　最终，待战争结束后，华为几乎"一举斩获"利比亚——基本拿到了该国全部合同。这次事件是华为狼性文化的典型体现。这也说明企业文化搭建的关键是，必须要有能够激发个人欲望和团队欲望的关键机制。

　　这世界上没有一个十全十美的人，但如果一个组织可以让每一位成员将优势发挥到最大，用某个人的优势去代替某个人的劣势，从某种意义上来讲，这个组织有可能成为一个"完美集体"。

　　华为很早便意识到这一点。假如一个企业一直由一个人负责，势必会出现"因一人而兴旺，因一人而衰落"的现象，

华 为 干 法：
华 为 干 事 业 的 5 2 条 细 则

所以华为拒绝个人英雄主义。基于此,华为创造了史无前例的EMT(Executive Management Team)轮岗制度。制度规定,公司重大战略决策均由EMT决定,而EMT主席由8位公司高管轮流担任,每人半年。但EMT的总体决策始终是企业大方向,为了精细化决策内容,华为从2011年开始,推出在董事会领导下的轮值CEO制度。

华为希望通过轮值CEO制度的力量来削减个人的影响力,把个人法定的权力让给一群华为接班人,让他们不断地在循环中接受洗礼,不断地吐故纳新。这能使公司的决策机构和决策机制更加科学合理。任正非评价:"这比将公司的成功系于一人,失败也是这一人的制度要好。"

31. 把同事当客户

读《华为人》报纸,不难发现,华为有很强的客户意识。5篇文章里,3篇都和客户服务挂钩。可以说,客户意识已经融入华为员工的基本思考方式,以至于华为内部的同事之间,都像是甲乙方一样,有服务与被服务的关系。

华为以"把同事当客户"的工作态度,来要求团队内的合作。每个成员都要想"客户"所想,把自己负责的事情做到最好,才能予以交接。前一个人的问题,在前一个人手里必须解决。质量被严格掌握在一道又一道的交接关卡中,最

第 五 章

团 结: 狼狈为"坚"

后真的交付到客户手中时，才是能让其满意的产品。

华为人把同事当客户，其实是在以最严厉的质量标尺要求自己。在当今经济过剩的时代，生产量远远大于实际需求，消费者有选择权。为了竞争市场，有的人恶意降价，试图通过烧钱来战胜竞争对手以独占市场；有的人偷工减料，在客户看不到的地方掺"地沟油"。这些企业可能会获得一时的利益，但是市场终究会做出它的选择。华为的价值是以客户为中心，坚持以质量俘获客户。"我们也不卖低价，卖低价发低工资，那样我们的人都跑光了。我们要真正地提高质量，竞争最本质的问题是提高质量。"谈话间可见华为人对质量的态度。

华为一位固定网络解决方案销售部长，就把"把同事当客户"这一工作法则运用得恰到好处，并因岗制宜，简明地提出"要把客户经理当客户"。

为什么要把客户经理当"客户"？因为作战时，需要产品经理和客户经理形成合力，才能更好地服务客户。这名销售部长在"空降"之前，系统部作战平台、客户经理的配备已经优秀，就是网络解决方案方面稍逊一筹。她经常听到产品经理指责某客户经理不支持某个项目，也常听某客户经理反馈产品经理支持不到位、响应不及时。深究原因，还是双方没有形成通力合力——沟通不充分，目标不一致。

"把客户经理当客户"，就是要求产品经理与客户经理间形成良性互动，像为客户服务一样及时响应对方。当产品经理发现新的机会点时，要像说服客户那样先去说服客户经理，

华 为 干 法：

华 为 干 事 业 的 5 2 条 细 则

把解决方案的亮点、价值以及拓展思路等首先传递给客户经理,并促成两方意见达成一致。面对客户经理提出的问题和反馈,产品经理要像响应客户一样及时、高质量。这样的团队,才具备高效率的作战能力和作战水平。隔山打牛也是英雄。把客户经理当客户,也是在为客户服务。

质量是华为向客户传递价值中最基础、最核心的价值,亦是客户最基本的需求。对于客户来说,质量就好比人对空气和水的需求一样,是生存的必要条件。因此产品交付之前,在团队合作间就严守质量关,减少产品送到客户手里后的纰漏。

华为内部的后勤服务人员,也有非常强的服务意识。后勤部甚至把其他部门的员工当成"客户"来服务。比如食堂饭菜的种类,阿姨服务的态度,都秉持着华为员工对待真正的华为客户那样,细致严谨。不断创新的后勤服务工作,迎合着"客户"不断增长的需求,也对应了华为研发人员针对客户需求进行创新改进的精神。

32. 最优秀的人培养更优秀的人

华为大学有一句校训:最优秀的人培养更优秀的人。这句话的含义与任正非的一句话相同——要找会开航母的人来教开航母,不然就触礁了。

第 五 章

团 结: 狼 狈 为 " 坚 "

在组织内部，让最优秀的人培养更优秀的人，最终打造出一支极致优秀的战队，才能在开拓市场时派上用场。华为大学所扮演的角色，就是为华为内部培养人才，输送人才。这里需要表明的是，最优秀的人培养更优秀的人，本身就是富含激励作用的言论。即，承担教师作用的培养者是华为最优秀的人。而能够进入其中学习的华为人，则将成为更优秀的人。如此循环，华为的内生动力将被无限激发。

华为如何打造这样一支优秀团队？华为大学的运作模式是强大支撑。2005年正式挂牌成立的华为大学，主要是想把华为打造为一个学习型组织。每年，华为大学都会培训新员工将近两万人。更多优秀的人才，也在华为大学学习实战经验，以不断充实提升自我。多年过去，华为本质上确实形成了强大的学习组织。许多员工在心声社区上表达，身边牛人很多，随便一位都是大师。

与其他组织不同，华为大学独立核算，收支平衡。如果华为大学收入没有增长，则说明业务部门不买单。如果业务部门不买单，那就说明华为大学的培训内容出现偏差。即华为大学所教学的内容，必须是可以用来打仗的东西。正如任正非强调，明年出去打机关枪，就要教如何打机关枪，而不是让一个小兵在航母上开大炮。华为大学要培训的，是可以实战的内容。

从体系而言，以营销、研发、项目管理等专业人才为例，华为大学的培养通道分三级。第一是初级阶段，让新员工转变为华为人。显然，这一阶段的设置与许多企业类似，都是

华 为 干 法：
华 为 干 事 业 的 5 2 条 细 则

先将新员工转化为"自己人"。比如,阿里巴巴有为期一个月的脱产培训,专门针对企业价值观内容对新员工进行"灌输"。华为也不例外,新员工入职后,除了角色转变、知识学习,还要"刷颜色",以快速了解公司的核心价值观。第二是进阶阶段。员工不断升级成为业务骨干之后,需要持续不断深入学习,以匹配自身岗位。第三是高阶阶段。进入这一阶段的人才已经是公司的核心人才。他们在不断为公司"开疆拓土"的同时,也要将自身的专业知识进行输出,传达给更多优秀的华为员工。

从实际而言,华为大学课程的落地性体现在课程设置上。比如,华为大学有一门专门针对新任经理人的课程,教他们从一名优秀战士向一名优秀将领转变。课堂上的老师全部是真正的"将领"(地区部的经理人),他们会将自己的实战经验全部传授给对方。值得一提的是,华为大学有一个非常庞大的兼职教师队伍。同时,华为大学是一个提供有偿服务的组织。参加华为大学培训的人,都需要缴费。最终,华为员工与华为大学形成的关系是:因为有所需求有所问题,所以需要学习。因为经过培训学习,所以可以解决需求与问题。这是一个正向循环的过程。

除了华为大学承载"最优的人培养更优秀的人"这一使命,华为内部也有相同的使命感。比如,华为的"导师制"。这是任正非去日本考察时,发现日企非常盛行"教父制"。这是一种传帮带的机制,旨在帮助新入职的员工快速熟悉公司业务,并培养新员工提升工作技能。任正非发现这一制度非

第 五 章

团 结: 狼狈为"坚"

常实用，便将其引进华为，并改为"导师制"。老员工带动新员工，二者之间结成师徒关系。

实际上，这一制度并非日本特色，中国几千年的历史发展进程中，师徒制早已出现。即便在现代企业中，中国也有师徒制。比如，茅台在20世纪50年代左右，就在厂内实行师徒制，并具体规定以两年为期，师傅必须教徒弟一定的内容，徒弟必须按时学会。期限一到，便要对徒弟进行考试。

在华为，导师制与茅台类似，但不具有非常强的绑定与考核关系。华为的老员工会将经验传授给新员工，新员工必须要勤学勤问。这对新员工提出了更高的要求，因为导师非常忙，如果员工自己害怕，脸皮薄，学到的东西自然少。华为员工王义祥在心声社区上表示，当时自己的导师忙到脚不沾地，根本没时间"关照"自己。起初，他都等着导师找自己。后来发现行不通，只得等到午休专门带着垫子去找导师。

从导师角度而言，带出优秀的下属不仅有利于晋升，更是对自身实力的认可。华为员工曹喜，就曾以自身经历，鼓励其带过的一名新员工叶绿华。因叶绿华报道时，曹喜在外出差。为尽快让叶绿华对工作上手，曹喜通过邮件写了封《致叶绿华新员工书》，对其进行"滴灌式"的辅导。曹喜在信里写道，他们的团队具有培养优秀员工的土壤。曹喜的导师转正答辩成绩为A，曹喜和师弟答辩成绩也是A，曹喜曾经带过的徒弟完美继承了这一传统，曹喜相信叶绿华也能将这优秀的传统继承下去。

"最优秀的人培养更优秀的人"的文化，就在传承中不断

华 为 干 法：
华为干事业的52条细则

发展。曹喜结合叶绿华的技术背景为其专门制定培养计划。虽然叶绿华专业背景与从业方向有所不同,但身处这样的组织中,他感受到了很大的压力,同时也饱含激情。因为,这个团队是英雄辈出斗志昂扬的团队。最后,叶绿华的转正也得到了A。在这样优秀的团队中,个体感受到组织的昂扬氛围,最终成为同样优秀的人。这也是华为整个企业所营造的氛围,以实现让员工不断学习、不断提升自我,最终推动企业不断往前发展的目标。

33. 到最艰苦的地方去

华为在新员工入职培训时,有一篇必读文章——《致加西亚的信》。这篇文章是由美国作家阿尔伯特·哈伯德所写,故事的主要内容是一位叫罗文的年轻人,为将一封信送至加西亚将军手中,突破重重困难,跋山涉水,最终完成任务。

任正非多次推荐这篇文章,他说"《致加西亚的信》大家必学",而华为内部报纸也曾两次刊登宣传。华为之所以如此强调学习《致加西亚的信》的重要性,是希望员工可以学习书中罗文不畏艰险、"使命必达"的强烈责任心。这种敢于吃苦,尽心尽力完成本职工作的精神,不断地激励着每一位华为人在工作中奋勇拼搏。

2002年的冬天,对于奋战在青藏高原上的华为人来说,

第五章

团 结: 狼 狈 为 " 坚 "

都是不平凡的一个冬天。

当时，青海省玉树州玛多县机站出现传输不通的问题，当地又没有备用设备，通信陷入瘫痪。本着对客户负责的态度，华为立马派出一名工程师和一名司机，驱车800公里前往事发地点。临行前，办事处主任对外派人员千叮咛万嘱咐，让他们千万小心山高路远和可能遇到的暴风雪。

10月的大西北气温已不比初秋，山脚还下着绵绵小雨，到山腰就已是鹅毛大雪。时值西部大开发，许多路段都在重修，路面崎岖不平，这也使得800公里的路看起来更远。行进的过程中，一场大雪将山路掩埋，在海拔4048米的高山上，工程师和他的司机是那么的渺小。孤立无援的他们为了保障行车安全，一个人一步一个脚印地在前方探路，一个人在后方小心翼翼地开车。冷了上车暖和一下，困了拿雪擦一把脸，其中一段一小时的路程，硬生生走了三小时才走完。

等到达目的地时，已快到第二天早晨。时间紧，任务重，没有时间给华为员工休息。工程师连口热水都没有喝，就立马投入到交换机的修理中。不习惯高原气候加之路上体力消耗太大，工程师很快就陷入缺氧状态，为了不影响进度，当地客户借来氧气袋，工程师一边吸氧一边修理设备。经过了两小时的奋战，交换机终于修好了，工程师也因为过度劳累，几乎达到了昏厥状态，如果不及时治疗可能存在生命危险。客户和司机合力将工程师送下山，幸好并无大碍。

不仅是维护设备，为了开拓市场，还有更多的华为人奋战在青藏高原之上。

华 为 干 法：
华 为 干 事 业 的 5 2 条 细 则

2016年的夏天，负责终端销售的三位华为人，驱车从拉萨前往海拔高达4400米的那曲，拜访当地的运营商。沿途为了加深和当地客户的关系，他们又驶向那曲的班戈县。当地各县间没有主道，不得已只能抄小路。进入小路后，沿途没有任何村庄，指示牌也没有踪迹，更可怕的是手机也没有信号。失去导航的他们只能在每个分岔路口走到底，如果没有路就再掉头又往回走。35公里的路耗尽200公里的油都没有走完，望着前后连绵不绝的大山和无法通信的手机，众人心生绝望。好在碰到一位牧民，给他们指引方向，才得以平安抵达班戈县。

西藏地广人稀，每个地区之间路途遥远，而且多是山路，迷路的问题也时常发生。即使这样，也依然难不倒华为人。仅仅一年时间，当地销售部门的8名员工跑遍了整个西藏的所有县城，并在大多数地区建立华为销售点，成功让华为手机走进了青藏高原。

这种工作精神，就是"致加西亚"精神的最好体现。在青藏高原一线的勇士们，他们舍生忘死，却依然坚持本职工作，艰苦的环境并没有动摇他们的决心，反而在极端环境的磨炼下快速成长，成长为华为需要的栋梁。

为了开拓市场，华为人不但要前往天寒地冻的青藏高原，还要远征海外，步入骄阳似火的热带雨林。

1998年，华为初次抵达非洲。虽然第一波市场部的人员已经做好艰苦奋斗的准备，但是当双脚踏在这片贫瘠的大陆上时，还是有不少人打起了退堂鼓。一下飞机，扑面而来的

第五章

团　结：狼狈为"坚"

就是快把人融化的热浪。刺眼的阳光,被汗水浸湿的衣服,让外派人员无比煎熬,但这才是一切的开始。

气候炎热的非洲,基础设施建设也还十分薄弱,许多地方都无法正常供应水和电。没有舒适的空调和干净的水源,洗一次澡都成为一种奢求。在旱季,依靠水力发电的地区停电也是司空见惯,工作过程中突然断电,点着煤油灯也在组装设备……而成群结队的蚊子和它身上携带的疟疾更是威胁到华为员工的生命安全。初期,所有人对疟疾都不够重视,导致有的员工一个月内得了四次疟疾,差点客死他乡,即便是之后开始提高防蚊意识,加强纱窗、蚊帐,并施行双周消杀,平均每个被外派到非洲的人都会有一次得疟疾的经历。

除了"天灾","人祸"也横行在非洲大陆。非洲各地区之间,由于种族、国家矛盾,常年发生战乱。走在路上突然的武装枪战、坐在家中被榴弹袭击、随时转移的住处、枪痕累累的车身……这些好似只在电影中出现的情节,却实打实地发生在华为人的身边。

即便如此,华为人也没有轻言放弃,在他们的努力之下,到2019年,华为负责了整个非洲70%的4G基站,远超其他所有竞争对手。

任正非在2009年EMT办公会议上的讲话中说道:"任何员工,无论您来自哪个国家,无论新老,只要坚持奋斗,绩效贡献大于成本,我们都将视为宝贵财富,不断激励您成长。"华为能取得今天的成功,离不开每一位员工的艰苦奋斗。尤其是在全球开拓市场的阶段,正是因为这些华为人在

华 为 干 法:
华 为 干 事 业 的 5 2 条 细 则

艰苦地区的前仆后继,把"致加西亚"精神贯穿在实际工作之中,华为才能百战百胜,迅速成长。

34. 一口咬下去得见血

如果企业也有自己的性格图腾,毫无疑问,华为的图腾一定是狼。一直以来,华为都提倡向狼学习。狼是群居动物,从来不单打独斗。所以华为也鼓励要团队出征,而不是做孤胆英雄。从"农村包围城市"到海外开拓市场,华为人的每一次胜仗,都是团结合作、群体奋斗的结果。可以说,正是依靠团结协作的力量,华为人才完成了一次一次的突围。

华为在成立早期,和竞争对手相比,要钱没钱,要技术没技术,唯一的胜处就是华为有一支团结能打的队伍。华为人的"作战"风格干净利落,往往是三五一群驻扎在客户的地盘上解决问题。

华为的运维部门,就是需要常年在各地驻扎的一队兵马。其负责的工作繁杂,既要处理一个县区内所有基站机房设备的维护和故障,又要负责工程验收等工作。所以开局时,经常需要长期驻扎在乡村中,负责设备调试工作。据一个华为员工分享,某次开局时,一个模块突然出现"死机"现象。该现象没有前例,也不易捕捉,华为的工程师团队在机房里面,一蹲就是一个半月,每天都分析、观察并跟踪,直到找

第五章

团 结: 狼 狈 为 "坚"

出最终的问题。一群人吃睡都在机房,困了就靠着设备打盹。还有一次,某局因用户中心更换软件版本不慎而导致中继全部受阻,华为的软件工程师熬了几个通宵,查明发生故障的单板,及时升级更换新的软件系统,基本解决问题后,才松了一口气。

高强度的运维工作,仅凭一己之力,难以支撑。人是群居动物。浓厚的团队意识,才能激发每个人强大的战斗力。对于华为来说,只要有团队,就没有什么是做不成的。

华为能有这么多辉煌的战绩,离不开团结合作,更离不开咬定青山不放松的"厮杀"精神。市场竞争往往残忍,充斥着血泪的暗涌,说是"厮杀"毫不夸张。华为人的工作方式,总带有一点不达目的、誓不罢休的味道。这和狼极其相似。

狼有着惊人的执着,为了寻找食物,它们可以长途奔袭,但是咬紧目标后,就绝不会放松,因为一旦停止奔跑,目标就会从眼前消失。狼的执着来自生存的压力,也来自其坚韧的本性。

华为负责技术售后的用服部门,就有深厚的"咬定"精神。当产品出故障需要维修时,华为用服部门往往是连夜赶到现场,一秒也不会耽误。一个第一次面对售后现场的华为员工记录:有一次冬天,吉林省东丰县的基站出了故障。他和另一个用服部的员工收到消息,连夜驱车赶往目的地,结果中间迷了路,凌晨1点钟才赶到县里。早已在那里等候东丰局工程师告诉他们,故障电源在一个小镇上,离县城还有

60公里，问是先休息，还是赶往现场。他们毫不犹豫地说："当然是赶到现场，麻烦您带路。"等处理完故障，系统一切恢复正常后，回到县城旅馆已是凌晨5点多钟。

很容易看出，华为的工作风格，带有明显的狼性风格，像狼有极高的开拓性和进攻性。华为对市场渴求度也很高，有市场的地方，就有华为员工。所以，无论是在首都的商场还是小县城的手机卖场，都能看到华为直营店和营销人员的身影。华为没有防御，对于华为来说，进攻就是最好的防御。只有最快地进入市场，才能掌握市场先机。

华为出征国外，狼性精神体现得更加淋漓尽致。进军欧洲市场时，华为高层曾专程拜访欧洲著名通信品牌沃达丰，并表示："华为的无线产品经得起任何考验！"

沃达丰并不信任年轻的华为，当即设置一个关卡："如果你们这么有自信，那么可以把产品放到德国市场，这是世界上标准最严格的地区！"

这个要求其实是想让华为知难而退。因为华为当时并不具备把产品投放德国的能力，但在那样的情况下，却没有一个华为员工退缩。大家二话不说，直接开始攻坚战。几个月后，华为带着新产品到德国时，沃达丰德国子网坚决反对华为在德国测试。

面对德国子网的兜头冷水，华为没有放弃，采用曲线救国的路线，继续在欧洲其他国家寻找测试机会。最终，西班牙子网对华为松开测试大门。没有希望，华为都能制造希望；有希望，必定会全力以赴。华为并没有把这场测试当成测试，

第 五 章

团 结： 狼 狈 为 " 坚 "

而是像专业的商业布局一样,对沃达丰的每一个要求都积极响应。当沃达丰提出想看看西班牙高铁的通信覆盖解决方案时,3个月内,华为就在上海磁悬浮列车搭建了实际的通信基站,并邀请沃达丰实地考察。沃达丰只是想看一个方案,但华为直接交出了一份可以体验的成品。这样超出预期的办事风格,想不打动客户都难。因此,华为攻坚沃达丰一年时间后,突然收到好消息:华为可以进入沃达丰的西班牙子网!

西班牙布局有沃达丰集团的四大子网之一。进入西班牙市场,就意味着华为终于啃下了欧洲这块硬骨头,进入了主流市场。

后来,沃达丰对华为分享说,华为之前的确没有资格进入欧洲市场,因为在欧洲看来,中国通信行业刚刚起步,不可能做出什么惊人的成绩。但华为这一年的表现,超出沃达丰所料,其严谨、规范的工作,把欧洲的本土品牌都甩在身后一大截,因此才同意他们进入西班牙沃达丰子网。

像沃达丰西班牙子网攻坚这样的例子,华为俯拾皆是,不胜枚举。从这些例子可以看出,在争夺关键市场时,华为的团队制胜法则和专注攻坚的精神,确实是必不可少的动力。

35. 集中火力打一堵围墙

华为的压强原则,是华为战略的核心。什么是压强原则?《华为基本法》第二十三条写道:"我们坚持'压强原则',在成功关键因素和选定的战略生长点上,以超过主要竞争对手的强度配置资源,要么不做,要做,就极大地集中人力、物力和财力,实现重点突破。"

简而言之,压强原则就是将所有力量集中在某一处,打造自己的竞争优势。发展初期,华为资金有限、技术有限。那时华为认为,做一个很宽的面,一定不可能成功。所以华为必须得像"针"一样,盯死一个地方。

2013年,任正非提出"力出一孔",进一步解释清楚压强原则。一枚火箭能够把几十吨的重物载上高空,靠的是什么?一靠资源合理配置,二靠资源充分燃烧。燃料从一个很小的出口冲出来,就能产生巨大的力量。这也是水能切割钢板的原理。与大多数人想象的不同,造船厂切钢板并不是用燃烧法,而是直接用水切割。日积月累,滴水亦可以穿石,而在瞬时之间,水的压力只要集中到一定程度,也可以产生超乎想象的强劲力量。

这也就是"力出一孔"的体现:选对一个方向,集中攻打。组织奋斗中,选定一点集中"轰炸"的案例不在少数。比如,克劳塞维茨《战争论》中提到一条非常重要的原则,用最大的精力使用我们可能动用的一切兵力。华为则是"28年就攻一个城墙口",才有"力出一孔",成就今日的华为。

具体而言,华为的"力出一孔"有四方面含义。

第一,是以客户为中心,这个"孔"就是客户。一个经典案例是,一位2006年加入华为的员工A提到,初入公司时,

第 五 章

团 结:狼狈为"坚"

她面对的最大困难是从零开始。因为当时她接受的客户,只有固网方面用过华为的设备,而无线和数通等业务都是用其他友商的设备。A表示,自己要在客户那里打通华为业务的目标,被许多同事看作天方夜谭。

但A为了打动客户,始终不放弃自己的目标。没想到当时客户的供应商出现问题,A见状,最终说服客户采用华为的设备服务。A这一执着精神,实际上就是华为所倡导的"力出一孔"原则。

又比如,华为发展初期,名气并不大。任正非针对当时现状提出10人服务一人的模式,以团队合作集中优势的方式"攻破"客户。

"力出一孔"不仅仅是华为的战略导向,更是华为对每一位员工的要求。因为现实工作中,员工的精力很容易受到外界的干扰,长期干一件事,如果没有足够的耐心也很难坚持。如何在工作中,集中精力干好一件事,也是华为要求每一位员工做好的"压强原则"。

许多华为老员工提及自己的工作时,都会提到这一工作原则。不管领导有何指令,也不管自己手上有多少事,都要坚持一件事一件事地完成。

第二,是以奋斗者为本。主要表现在搞活内部机制,产生巨大能量,推动公司前进。对整个组织而言,以奋斗者为本是将力量聚焦一处的文化基因。

第三,是长期坚持艰苦奋斗。长期艰苦奋斗,形成长效机制,达到"力出一孔"才能以推动企业不断发展。如何长

华 为 干 法:
华 为 干 事 业 的 5 2 条 细 则

期坚持，华为以"多劳多得"的激励机制支撑。

以2015年为例，华为支付给员工的成本达到1377亿元。按照当时官方公开17万员工总数计算，人均年收入超过80万元，换算为月薪人均7万元。让奋斗者分享胜利的果实，形成利益共同体，最终"力出一孔"得到落实。

第四，聚焦主航道，打好主战场。正如任正非所提到的，华为要避免多条航线作战，才能减轻疲于奔命的问题，减少能量消耗。华为要把靶心对准主要客户，主要客户的方向变了，华为也要跟着进行相应的改变。

何为主航道？主航道是企业自身的竞争优势，是别人难以取代，自己又可大量复制盘活的内容。2014年开始，华为将旗下10多款产品进行收缩，最终聚焦到两款拳头产品上。对这一战略路线的转换，许多人并不看好，认为华为产品品类变少，销售额也会减少。但华为坚持必须聚焦，因为多线开发，对华为而言是不可承受之重，甚至可能导致全线"崩溃"。

相反，聚焦主航道之后，华为的产品在研发投入上取得了保证，而产品的进步带动了华为的整体进步。实际上，早在2006年，华为聚焦主航道的意识就在Logo上得以体现。当时，华为放弃沿用18年的15个色块，而改为聚焦底部的新Logo。这便是华为提倡"有所不为才能有所为"的体现，同时也是"压强原则"的体现。

对企业而言，压强原则或许不是十全十美的工作法则，但它胜在简单高效，可以快速调动资源猛攻一处，扩大自身

第 五 章

团 结：狼 狈 为 "坚"

优势。正如前文所说，对职工而言，集中精力处理最重要的工作，也是压强原则的实际利用。

36. 工作也要"可持续发展"

华为团队以同甘共苦的精神著称，但也并不是一直在做高压强的"围捕"工作。胜则举杯相庆，败则拼死相救。所谓文武之道，张弛有度。团队对工作节奏和韵律的有效把握，能更好黏合团队情感，使团队合作更加高效。

华为团队工作的韵律法则，首先就是要工作，也要生活。项目爬坡期时，团队成员都埋头苦干，一干就是两三个月，甚至是半年。长时间高强度工作，如果没有娱乐放松活动，团队也不能实现"可持续发展"。华为提倡工作之余，要多"关注生活"。团队建设，是华为调动组织气氛的有效方式。

华为的团建，从部门主管到一线员工，全员都要参与。并且相互之间，没有领导和下属之别，只有兄弟姐妹之情。活动类型丰富，包括拔河、吹气球、纸上功夫、虎背运宝、脚定乾坤等等，不一而足。活动的胜负并无妨，主要是激发员工投身工作的热情，使组织气氛建设由激发型提升至高效型。

因为良好的团队氛围，华为人以团队为家的意识很强。团队间也有分享成功和互相表扬的习惯。项目中的攻关问题取得进展时,当事人都会发邮件给所有团队相关的成员,与大家共同庆祝。这种对阶段性成果的节奏把握,能让团队一直保持干劲,而不至于疲劳。

华为的团队有大有小,有进有出。因为公司战略,有些小团队只有七八个人。而有些大团队则有几百个人。团队一旦复杂,对于工作节奏就不好掌握。

100G项目团队中,有来自全球各地的专家博士100余人。要协调如此数量的专业人才,并要调动他们的积极性,不是易事。项目组首先将项目成员分成三类:第一类是技术性人才,这类人有超强的技术能力,但缺少带小团队的经验;第二类人有一定管理经验,但对跨团队协作又缺少历练;第三类是专家队伍,他们往往几十年的深厚专业知识,但又比较难以说服。

项目组为协调把控团队工作节奏,会刻意将一些例行的技术会议交给年轻的技术骨干,一方面锻炼他们的技术能力,另一方面也让他们逐步体验项目管理和跨团队合作。对于专家队伍,项目组选择给予充分的尊重和信任,使每个专家都认为这是在完成"我心目中的工作"。因此专家们在取得新的想法或新的进展时,都很乐意与项目组成员分享。100G项目经过两年奋战,直接一次投板成功。

华为员工有句话说:"对于团队来说,忙和累都不可怕,最怕的是打不了胜仗。"而能打胜仗的团队,最需要重视韵律和节奏的把握。不能拖沓,也不能竭泽而渔。

在华为团队内部,也尤其注意个人工作安排的节奏。每

第 五 章

团 结: 狼 狈 为 " 坚 "

个人,都要安排好自己忙碌的时间和协调工作的时间,从而保持团队整体的节奏不混乱。

华为员工在工作过程中,要找出自己最高效、最忙碌的时间段,并向他人声明:在这个时间段,请勿打扰。尤其是科研或设计人员,工作思路或灵感一旦被打断,很难再续上。

除了专注个人工作外,同事之间的互相协作也是少不了的。因此安排一段能协调工作的时间,也非常有必要。比如,团队成员也可以在会议上公布,什么时间可以被打扰。

深度工作时,对于出现意料之外的干扰,华为员工都会尽快排除。比如,快速拒绝推销电话,明确态度,减少无用电话耗费工作时间。巧妙应对突然来访者,礼貌而迅速地排除意外来访带来的干扰。向团队其他成员传达信息或布置任务时,也要明确任务关键点,减少事后干扰。

另外,华为还要求员工,除了要保持自己的韵律,也要与他人的韵律相协调,了解对方的行为习惯,互相成全。开会时避免迟到,浪费他人的时间。更重要的是,与客户有约时,不要让他们等待。拜访客户也要提前预约,不要唐突地前去。这些方法能很好处理两方"空闲"和"忙碌"的冲突,解决"独立"与"协作"的问题,使大家都不被轻易打扰,建立起良好的团队工作氛围。

华 为 干 法:
华为干事业的52条细则

华 为 干 法：
华为干事业的
５２条细则

HUAWEI

第六章

沟 通：
打破信息壁垒

管理学家彼得·德鲁克说:"一个人必须知道该说什么,一个人必须知道什么时候说,一个人必须知道对谁说,一个人必须知道怎么说。"沟通是信息交换和意义传达的过程,同时也是情感表达的过程。良好的沟通交流是确保工作顺利执行的关键,也是团队合作的基础。

37. 请好好说话

在华为,沟通被看作是一个员工基础的职业素养。新员工刚入职时,会收到一本沟通培训手册。手册上详细地讲述了有关团队沟通的问题,如沟通的含义、沟通的作用、沟通的技巧和沟通的种类等,目的就在于培养员工基础的沟通能力,避免其在工作中出现对接障碍。

无效沟通,不仅使关键决策传递受阻,也拉低工作效率。华为员工认为,有效的沟通是一种尊重。为了达到有效沟通,华为对员工提出了以下要求。

沟通及时

沟通及时是华为员工要遵守的首要原则。第一时间,华为员工就要将必要的信息向利益相关方及时传达,以保证上下、平行沟通渠道的通畅。

沟通一旦拖延,导致多方工作节奏脱节,埋下隐患,很可能使项目延迟甚至失败。管理者不能在出问题以后才跟下属沟通,必须及时、主动地和下属进行沟通,沟通不应该是去救火,而应该注重预防火灾的发生。提前解决许多潜在的问题,才能避免亡羊补牢。

信息准确

信息准确是确保执行效率的最低要求,如果信息在源头出现偏差,剩下的传达过程都是无用功。

为保证信息沟通的准确性,华为提供了一套金字塔思维工具。在金字塔顶端的是综述,包括要表达的观点、问题、看法和结论。接下来,则是按先总后分、先主后次的原则一层一层地向下展开,直到信息足够准确为止。具体要求如下:

① 为了交流方便,必须对各种思想观点进行分组;

② 分组后的思想观点经过不同层次的抽象后构成金字塔;

③ 向读者灌输思想观点最有效的途径是自上而下式；

④ 每一层次的思想观点必须是低一层次思想观点的概括，每一组的思想观点必须在逻辑上属于同一范畴，每一组的思想观点必须符合逻辑顺序；

⑤ 条理清晰的关键，是把思想观点组织成金字塔结构并在表达之前用金字塔原理加以检验。

为了确保有效发送信息，每个华为员工在发送信息时需要依据以上5点理清思路，若不符合以上5点，说明自己的思维尚有不足，要进行完善和修正，以使其能符合金字塔原理的规则。

如果是书面形式，还需要对文本进行校对。包括字词、语法乃至陈述内容的校对。这对于书面交流和PPT展示尤其重要。如有不当，不仅会导致工作出现失误，还会降低接收者对你的印象。

适量传递

在信息传递的过程中，一定要严格控制一次传递的信息量。一次传递信息过多，接收者容易遗忘，而传递信息过少，则会降低效率。

很多企业在沟通过程中，传达者总会有源源不断的想法，想到什么说什么，导致接收者在事后，对于要做的事仅拥有部分记忆，这时不管是遗漏还是再次询问，都会影响工作效率。华为要求员工在信息传递过程中，都遵守"7±2原理"。

"7±2原理"由19世纪中叶爱尔兰的一位哲学家米勒提出。米勒发现，如果将一把子弹撒在地板上，人们很难一下观察到超过7颗子弹。后来心理学家雅各布斯也通过实验证实，短期记忆中，对于无序的数字，一般人能够回忆出的数量约为7个。发现遗忘曲线的艾宾浩斯也提出，7个字母是人们在阅读一次后能记住的普遍数量。所以对于短时记忆，7个单位（包括阿拉伯数字、汉字、单词等）是最有效率的。

因为人类信息加工的能力有限，短时记忆容量存在限制。按照"7±2原理"沟通，最为简洁高效。

为保证有效沟通，华为员工还被要求在沟通中必须提前制定沟通计划，明确要把信息传达给谁、以什么样的形式传达、什么时间传达以及传达什么等内容，并且要制定出详细的信息传达日程表。

要达到有效沟通，因人而异的沟通方式也很重要。按华为一位主管王志刚的话来说，就是要会"察言观色"，也要会"对症下药"。

王志刚每天早上到办公室后，首先就是转一圈，观察项目组的每一个成员的状态，如果有人蔫眉耷眼或唉声叹气，中午吃饭或休息时就与其谈心，了解困扰缘由。

项目组有一位社招的新员工，总是"闷头干活，对周围不闻不问，工作进展不快"。王志刚便结合自己的经验，告诉这位员工要学会及时求助。虽然大家都明白，"求助"是新员工获取成长的最好方式，但并不是每个人都懂得如何开口问

第六章

沟通：打破信息壁垒

问题。经过深聊，这名新员工一下子找到了方向。

俗话说，爱哭的孩子有糖吃。王志刚一开始，只喜欢和外向的同事沟通，对他们的情况比较了解，但与内向的同事交流较少。王志刚反思后，及时调整，主动和内向的同事交流，掌握全团队的人员状况。为了保证沟通不间断，王志刚还制作了一张项目组沟通计划表，规定自己每个月必须刷新表格内每个项目成员的情况。以此摸清楚每个同事的状态，并保持沟通的连贯性。

倾听也是沟通重要的一门功课。在华为，公司要求员工掌握一项基本的倾听的技能——备好纸笔、认真倾听、最后确认，认真实施这三个步骤，保证沟通中倾听的效率。

所谓好记性不如烂笔头，在管理者宣布任务时，员工当时可能记得很清楚，但当开始投入工作时，往往会遗忘一些细节和计划。这时，再询问上司，或进行其他沟通，都是一种极大的时间浪费。所以，纸笔是倾听的必备物料。

倾听时，华为员工注重"抓关键词"。有关任务定性或定量的字眼，包括时间点、标准、具体数量、相关地点及负责部门等，华为人总是格外敏感。这些字眼透露出的任务主要信息，是执行工作的核心。

华为员工在倾听过程中，也注意保持同理心。华为员工会站在讲话者的立场来理解他所说的话。比如，员工对上司布置任务时反复提及的问题会格外注意，并且会站在上级的角度思考问题的重要性。加快任务执行速度。

及时反馈也是华为员工的倾听技巧。沟通中遇到疑惑，

华 为 干 法：
华为干事业的52条细则

及时反馈追问，可以提高信息接收准确度。最终，华为员工还会通过积极回应进行沟通确认，另外，他们还会根据对方的再次回应，更深入、更准确地理解沟通内容的诉求方向等。

走近华为员工的办公桌，每个人都有用自己习惯的关键词或符号书写的沟通记录本，密密麻麻的任务重点、具体方案、细节过程，都是高效沟通后留下的思想痕迹。

38. 不开没有目的的会

在通信设备高度发达的今天，企业拥有许多沟通方式。开会沟通往往耗时最长，产出最少。根据华为内部计算，一次会议消耗的成本＝每小时平均工资的3倍×2×开会人数×会议小时。因此，提升开会效率，删减不必要会议，是节约成本，提高工作效率的有效途径之一。

开好务实会

截至2020年，华为共有19万员工，业务遍布全球170多个国家，全球办公地点多达1000多个。这样一个庞大而特殊的组织每年需要召开20万场会议——平均每天要开2.5个会议。

第六章

沟通：打破信息壁垒

任正非强调，开会一定要遵循一个基本逻辑——三问，即客户的需求是什么？解决方案是什么？如何实施？因此在华为内部，一个不成文的会议原则是，不开没有目的的会，否则就是在浪费别人的时间。

华为开会的特色之一，是用科技为沟通做准备。任正非在《会议标准化及服务提升项目汇报会》上中提出，华为会议室用最先进的软、硬件装备支撑业务"多产粮食"。

硬件方面，华为的会议室墙面通常是由白板、玻璃、屏幕等组成，方便员工在墙面书写自己的想法。同时将咖啡、水果、餐点等纳入会务服务管理系统，让员工可以尽情享受会议的过程。华为每个会议室至少有三个屏幕，即便位置最偏的员工也能看清屏幕内容。不同屏幕间还可以互动、重叠。

软件方面，作为华为自己研发的软件，华为云会议做到了数据共享，多方标注，大屏小屏信息无缝流转，被誉为业界最佳投屏。为满足"突袭式会议"，华为云还支持远程会议——选择通讯录人员，系统会自动呼叫其加入会议。

从需求出发，是华为高效会议的基本逻辑。徐直军轮值期间，大刀阔斧对华为公司内部开会制度进行修改：要求按参加会议的人／时来算成本，裁去30070的会议人／时；对行政主管进行问责，要求其汇报总是开会的原因；因开会产生的差旅成本要自掏腰包；无效会议期间的工资停发。

为了会议结果的执行，华为要求在会议纪要中，将每一条会后任务@责任人并指定好完成时间，实现一人一责，一事一则。在执行过程中轻松追踪任务状态，动态更新任务进展。

华 为 干 法：

华 为 干 事 业 的 5 2 条 细 则

开好务虚会

务虚会是华为的一大特色。务虚是对某项任务从思想、理论方面进行分析讨论,务虚会则是企业商讨制定下一个阶段的计划和安排,并以此作今后工作准则的会议。

企业会在一个阶段多次召开务实会,以保证任务的顺利执行,而务虚会则只存在于任务初期,起到目标管理的作用。基于此,华为单独成立了一个"战略与客户常务委员会"的部门,负责研究公司的现状以及发展方向,为务虚会提供指导理念。

务虚会召开过程有严格的流程规定。一般会围绕一个主题,邀请十到几十不等的与会人员,进行为期两天的务虚会。第一天上午,没有具体的限制,所有与会人员畅所欲言,有什么想法都能直接提出;下午,会议就所有想法,围绕主题,筛选、讨论,寻求其中有价值的议题。第二天则会对于前一天更进一步地筛选和收缩,直至该项工作确定方向,并形成会议纪要。会后,下发会议纪要给有关部门高管,寻求相关修改意见,并再次讨论、下发,多次反复,才形成最终的战略方向。

务虚会的目的是让决策建立在科学合理的讨论之上,通过目标管理的科学性分析,明确企业下个阶段要实现的目标、实现目标的方式方针、具体实现目标的几个步骤以及实现目标的时间。

第 六 章

沟 通: 打 破 信 息 壁 垒

39. 吐槽总裁也没关系

心声社区是华为内部员工的社区平台，被定位为华为人的沟通家园、华为人的精神食粮。员工可以在上面聊天、吐槽、了解公司最新政策信息，相当于一个内部BBS（论坛）。

从2008年正式上线运行，到2020年，心声社区已有12年的历史。炮轰任正非、任正非公开道歉等外人看来惊世骇俗的事情，在华为心声社区上屡屡可见，但却被华为内部的人看成理所当然，习以为常。

因为心声社区是任正非开的"罗马广场"，能够让所有人畅所欲言。要上华为的心声社区，必须有一颗强大的心脏。重要原因之一是，华为心声社区允许匿名发帖。而且这个匿名制执行得非常彻底：任何人，包括高管，想去了解马甲背后的真实身份，必须经过任正非本人批准。这样谁也不敢去问了。

匿名制的存在，保证了员工线上沟通的零负担。员工们可以发出最真实的声音，甚至可以炮轰任正非本人。情绪多了，上面的吐槽也会很多。没有理性的思维模式和基本判断力，会觉得华为存在各种问题，20年前就该倒闭了。

这种披着马甲的沟通方式，具有华为特色。心声社区有清晰的管理规定：心声社区是华为人的沟通家园，只要不违反《心声社区管理规定》，所有真实的经历和真诚的想法，都会受到鼓励和欢迎，优秀作品的创作者，还会得到稿费激励。

华 为 干 法：
华为干事业的52条细则

除了吐槽，心声社区也有很多宣扬正能量、为公司发展献计献策的文章。任正非就经常把自己的文章先发到这里，让大家吐口水，也听听大家的意见。

任正非本人说过，他是"有缺陷"的人，早年的从军经历让他始终远离虚名，保持低调，不喜欢也不习惯面对媒体。但是他又非常渴望和员工打交道，听听大家的真实心声。公司大了，下情上达难免不畅，心声社区就成为他了解公司运作的一个渠道。

2010年底，任正非在《和媒体改善关系》的讲话里提到华为开放心声社区一事。本来浏览华为心声社区，必须要有华为员工的内部账号。但经过考虑，任正非打算对外开放心声社区。很多人反对他这一决定，认为是把华为的家底都给露出来了。但任正非直言：他不明白为什么家丑不可外扬，员工只要坚持实事求是，有不对的地方，为什么不可以外扬？以前，华为在离职员工的管理条例中，还有维护公司的声誉这一条。但后来一想，声誉不是维护出来的，让离职员工答应捂前东家的"黑料"，不过掩耳盗铃，只有把错误改好了，才算是一劳永逸的事情。华为要给员工发声的机会，即使绝大多数员工情绪激动，偏离了一点事实，但也没有无中生有，黑白颠倒。心声社区开放以后，华为内部实际上是好多了。

心声社区确实是利于多方的良好沟通渠道。

从员工角度看，大公司难免有等级之差和部门墙之隔，他们需要一个合适的渠道发泄自己的负面情绪，或者献计献策。无数员工在这里讲述他们与华为的故事，分享在工作上的积累、问题、收获和建议。每一个帖子都有人关注、回复。往来交流之间,就达到了非暴力沟通、纾解情绪的目的。

从中基层管理者角度看,通过心声社区,既可以了解员工的声音,也能发现自己部门需要改进的地方。因为知道公司的高层都会看心声社区,所以如果有帖子暴露了自己部门的问题,也有所忌惮。

从高层管理者角度看,心声社区是倾听一线员工心声的直接渠道,也是让内部员工参与沟通的新方式。通过激励员工分享生动的案例和故事,对全员乃至社会公众都传播了华为的企业文化理念,把企业文化直接融入了日常管理中。可谓一举多得。

心声社区开放包容,是华为建设沟通渠道的一种标志性产物。所谓真理越辩越明,经过内部充分沟通之后,政策和制度的制定,也能更符合民意。

心声社区不仅是每一位华为员工的树洞,也是华为精神的根据地。有意思的是,最近两年,越来越多的员工选择实名发帖和回帖。心声社区的沟通生态仍然欣欣向荣,每一个华为员工都知无不言,言无不尽。

40. 秘书要善解人意

华为有研发、营销、供应链和内部服务等几大管理体系,下设50多个一级部门。庞大的运转体系，让各部门的工作配合难度加大。为通畅各部门交叉点上的工作，华为的各大管理体系都设置了秘书科。

华为秘书科名义上听令于各体系的领导，但实际隶属人力资源部。由于定位特殊，华为秘书系统游离于人力资源管理及其所服务的业务部门管理之外，基本上是独立运行。2017年，华为全球的秘书约有2000人，在推动华为管理和发展上发挥着重要的作用。

华为刚成立时，秘书系统并不规范，1998年引进NVQ企业行政管理资格认证标准后，其秘书体系才逐渐职业化和规范化。

华为秘书负责的工作很多，但首要的，是日常管理。很多人认为，秘书就是领导的"保姆"。但在华为，秘书的定位是初级管理者。华为有80%～90%的例行工作，都由秘书进行直接管理。这些例行管理工作，比如各部门的对接、沟通等，能减轻大量事务性的劳动，解放管理干部、研究人员、市场营销人员的压力，保证他们能在主攻方向上投入主要力量，提高工作效率。

其次，秘书还要维护有效工作关系，作为领导和各部门间的桥梁和触角，优化与内外部联系人员协作的方法或流程，提高部门运作和员工的工作效率。当秘书发现基层的流程与机制有问题时，也可以向领导提出建设性意见，提前扫清沟通障碍，帮助部门高效运作和健康发展。

第六章

沟 通：打破信息壁垒

再次，华为秘书还要辅助领导高效地组织会议，整理会议纪要，传达会议精神。会议是商议决策的重要形式，秘书要及时输出会议纪要，并跟踪会议决定的落实，促成会议目标达成。会议纪要并非单纯的录音稿，而要加以梳理和归纳。开会时难免会有口语和废话，啰嗦重复，还有一些领导开会，只讲一两句关键的话，不会点透。与会的人可能懂他的意思，但没能参加会议的人，少了语境，就云里雾里。这种情况下，就需要秘书归纳总结，把会议的主题、关键、重点的字眼加以发挥，整理出有条理的会议文本，让基层没有参会的员工领会会议精神。

最后，如果说会议纪要能促进上下级沟通，提高开会的效果，那么文档建设则能帮助员工实现"跨时空"交流。文档作为公司可持续发展的基石，深受任正非重视，他曾在讲话中提到文档建设的重要性。对于一个发展速度快、人员结构变动大的公司，如果没有大量的文档建设，是极其危险的，甚至会走到破产的边缘！文档建设相当于一个企业的历史。没有历史，企业就失去了支撑其发展的厚度。华为所有文档类型中，技术文档最为重要，记录着重大项目的研发历程。技术文档要求共享性与保密性兼顾，秘书对其进行管理时，科学的分类方法和归档流程相当重要。在月初、月中、月末时，秘书都要随时紧跟文档情况，统计分析"归档及时率"等指标，建立技术档案数据库并及时维护。文档查阅时，也严格执行查阅、借阅登记。针对不同工种的人员浏览技术文档数据库实行不同的权限控制，查阅重要文档，还需要填

华 为 干 法：
华 为 干 事 业 的 5 2 条 细 则

写保密承诺。

除了以上工作内容，华为秘书还要负责很多事情，接触面颇为广泛。但总体来说，华为秘书在各个部门间，起到的是上传下达、沟通交流的桥梁作用。秘书系统是华为高效率运行的重要一环。如果没有秘书在对接和沟通中起润滑作用，信息通道就会堵塞，容易带来拖沓、低效率等问题。

任正非在讲话中，曾多次强调秘书系统的重要作用，甚至亲自指出华为秘书必须善解人意。所谓善解人意，就是要会"听话"，会"传话"。秘书的基本功就是机灵，要眼观四路，耳听八方，主动为管理者和业务部门分担压力。张燕燕是任正非最认可的秘书之一。她是华为的元老级员工，后来还从秘书岗走上了管理岗。任正非说张燕燕做秘书时，一位石油部的领导夸奖她："你的这个秘书，特别能善解人意。你想做什么事，她在电话里就帮你处理了，但是你并没有交代她做什么事。"

俗话说，聪明人一点就透。优秀的秘书听领导讲三分话，就可知其十分意。这要求秘书与领导建立良好的默契，能理解领导的意思，明白周边需要去维护什么关系，并准确地沟通和表达。如果秘书间就能够有效地沟通，各部门就可以减少许多无效劳动。

华为秘书像"窗口"，也相当于"润滑剂"，既促使公司各部门间工作联系顺畅化，也要协调沟通人际关系。他们要处理各项具体的事务，也要和复杂的人际打交道。华为秘书经常要为解决一项事务而到处沟通联络，对接各项事宜。因

第六章

沟 通：打破信息壁垒

此在华为较为灵活的组织结构下,秘书的连接作用必不可少,他们是上下级之间的联络员,亦是交流沟通的桥梁。

41. 开放日(Open day)

许多企业都有自己独具特色的沟通体系。比如,柯达公司有一种沟通方式名为"Open door"。具体是指,基层员工遇到问题后,可以随时向主管等高级管理干部在办公室进行沟通。柯达弱化了层级之间的关系,员工可以直呼管理者名字。阿里巴巴也与之类似,因为花名的存在,职工之间多称呼花名。马云也要求职员在公司内部对他直呼其名。

沟通渠道的顺畅,对员工成长和企业发展都有助力作用。因此,为了扩大员工沟通渠道,及时帮助员工化解思想困扰,帮助其树立正确的价值导向和积极的工作态度,华为也形成了独具特色的沟通体制——Open day(开放日)。

Open day由华为荣誉部发起,于2005年11月起正式开始运转。Open day活动面向华为全体员工,由相关老专家轮流参加接待,每周一期。在逐步发展过程中,Open day已推广衍生出专门针对各级领导干部的Open Day,以及各体系内部面向员工的由AT/ST(行政管理团队成员和办公会议成员)主持的Open Day。

"不分级别、一对一、严格保证私密",是Open day必须严格遵循的原则。

第一,所谓不分级别,是指任何员工都可参与Open day。不管职工存在任何问题,抱有任何疑惑,都可以在Open day与老专家和领导推心置腹。在此过程中,专家与领导扮演的角色不是上级,而是朋友。他们会耐心听讲,为员工寻找解决问题的方法。

第二,一对一。这是说Open day是一对一进行倾诉和讲解的,在一个安全空间内倾诉自我烦恼。并且一对一遵从可选择原则。比如,职员可以选择不涉及直接部门和直接领导沟通,甚至二者之间可以没有任何业务上的关联。这一举措可以最大程度保证员工畅所欲言,同时不担心自己的问题成为职业道路上的干扰。因为,专家会针对具体问题制定具体方案。此外,如果提出的问题没有在Open day中得到解决,专家和领导会针对其问题进行记录追踪,直到问题解决为止。

第三,严格保证私密。Open day双方的交谈处于严格保密状态,绝对不会出现谈话内容外传情况。Open day的目的,是打开员工的心结,解决员工的疑惑,做到让人"带着疑惑进门,心情轻松出门"。

2007年,时任中央平台预研部部长舒曦辉在采访中提到了自己对Open day的看法:"员工开始都没有问题,有的都是麻烦;时间一长,就积累成问题了;然后问题就如滚雪球一样,越滚越大。所以首先让员工将麻烦说出来,就是成功解决问题的第一步。"

不过,因为管理者业务繁忙,Open day也常常因此被耽

第六章

沟 通:打破信息壁垒

误。然而舒曦辉却能做到每周一次不间断。他借鉴Open Day，制定了部门内的Open Day制度，并严格要求自己必须坚持每周不间断，以增强与下属的交流沟通。沟通渠道畅通后，他带队工作也更加得心应手。

此外，在Open day开展过程中，不仅可以发现他人问题，还能发现自我问题。舒曦辉提到，通过Open day，他发现自己工作时很少考虑他人感受，导致团队人员都比较紧张。也是通过Open day，他发现了员工平时被忽视的问题。比如，不论安排多少工作，有些员工都会全部接受，并且不管自己是否能接受。他们如果不提出反对意见，也不与领导沟通。长久下去，员工压力大，工作相应会受到影响。这一职场"盲区"便只能通过沟通得以解决。

此外，华为沟通体系中，还有一个软性文化——吃文化。华为新员工入职后，导师都会请其吃饭。在吃饭过程中，熟络感情，解决工作中的困扰。华为的"吃文化"在内部许多部门都非常流行，甚至成为工作之外的一种补充。下班之后，同事之间相约吃饭，要么AA，要么轮流请客。通过吃饭搭建起一个更加自在的沟通环境，平时工作中遇见的问题，都可以在饭桌上抛出。

在干部之间，"吃文化"同样盛行。比如，干部晋升通常会请下属吃饭。在这个过程中，加深彼此感情，同时传授工作经验。这对双方而言，都有利无害。

任正非比较提倡"吃文化"，他曾呼吁员工要是感觉自己进步了，就应该自己请自己来一顿；要升职当领导了，也要

华 为 干 法：
华 为 干 事 业 的 5 2 条 细 则

记得多请部下吃几盘炒粉。因为很多在会议室里不能谈的事情，在轻松自由的饭桌氛围里，反而可以很轻易说出来。上下级沟通一顺畅，再加上协同工作，部门的效率也就提升了。秘书要成"大秘书"，也要多组局、多请客，因为秘书的工作只有经过沟通开放，才能和大家增加了解，增进感情。搞管理的，更要在一起吃饭碰面。

本质上，吃，是为了工作。早在20世纪90年代华为制定第一版《华为员工守则》中便有一条提到：公司提倡"吃文化"。"吃文化"非常有利于沟通。不管是上下级还是同事，互相请客吃饭，在饭桌上自然而然地就能沟通工作、交流思想。大家可以谈论公司战略，也能分享日常琐事，方方面面，都能在你来我往间交流。只要有两个以上华为的员工，就能形成一个沟通的机会场。为让兴趣相投的员工更好地交流，华为的生产协调委员会及其分会，还特意从中调节，打开员工的沟通之门。

有效的方法论自然不止华为一家使用。在茅台，制酒车间的师傅和员工们，也通过吃饭喝酒来联络彼此的感情，交流工作的问题。员工按照班组轮流请客，整个车间的关系也在此过程中不断融洽。

强化沟通，快速疏通工作问题，是提升工作效率的有效方式。尤其对于华为这类以信息化为主的通信企业，降低沟通成本，才能快速推动项目落地执行，实现企业稳步向前发展。

第六章

沟 通： 打破信息壁垒

42. 合理化建议

美国3M公司❶一位工程师因为在礼拜时，夹在歌本中间的纸条经常脱落，便向公司提出建议，希望可以生产一种带有黏性的纸条。公司采纳了他的建议，并创造出了一个全新产品——便利贴。很快，便利贴走红于秘书圈，并成为3M公司经久不衰的王牌产品之一，而这一切只是因为员工的一个突发奇想的小建议。

美国通用电气董事长曾说过这样一段话："一个强大的企业必须有持续增长的收益和利润，收益的增加来自源源不断的新主意和产品创新，利润的增长则来自劳动生产率的不断提高。"一家企业的产品创新和生产效率的提高，依赖的并非哪一个部门或者哪一位领袖，而是全体员工的创造力。如何激发全体员工的主观能动性，让他们积极主动地开动脑筋，用发散性思维去发现问题、解决问题，对于一家企业来说至关重要。实际上，这就是合理化建议的力量。

1998年8月12日，华为签发220号文件《管理优化活动

---

❶ 3M公司是一家美国企业，全称明尼苏达矿务及制造业公司（Minnesota Mining and Manufacturing Corporation），于1902年在美国明尼苏达州成立，是一家历史悠久的多元化跨国企业，素以产品种类繁多、锐意创新而著称于世。

实施办法》。随着办法实施，华为合理化办公室也正式成立。合理化办公室承担着公司内部管理优化的职责，他们负责接收建议和投诉，并针对内容给予跟踪处理并推动组织管理优化。在办法推出的一个月内，办公室就收到66条建议。依据这些建议，华为持续优化，在组织管理上作用明显。

1999年，华为将该制度从管理方面扩展到所有层面，颁布《合理化活动管理办法》，标志着合理化建议制度在华为正式实施。

合理化建议并非华为首创。2020年，华为技术有限公司高级管理顾问吴春波教授在《对标军队管理，增强组织张力》的主题演讲中介绍道，在华为成长过程中，通过对标管理，从其他公司学到了许多制度方法，其中就包括丰田的合理化建议制度。

丰田要求员工人均每年要给公司提出11个合理化建议，而其采纳率也高达80%，对于拥有30万员工的丰田来说，这是一笔不菲的财富。任正非对于丰田一直有着强烈的共鸣，《华为的冬天》就是在参观丰田之后所写的。他希望华为也能像丰田一样，每一位员工都成为最强大的创造者，所以任正非才会引进丰田的制度。任正非认为，华为和丰田之间还有不小的差距，人均能提出3个以上的合理化建议足矣。按华为20万人来算，一共就有60万个改进点。华为和丰田虽然不是同行，一个做通信设备，一个造汽车，但规律具有普遍性，好的经验学起来不应该有障碍和限制，对标学就行了。

第 六 章

沟 通：打 破 信 息 壁 垒

时至今日，提建议在日常工作中是很常见的一种行为，对于公司的持续发展也至关重要。但部分公司只是把它流于表面，当作形式主义的一种表现，对员工提出的建议不管不顾，更有甚者还会对提意见的人打击报复。长此以往，员工不敢提，管理不敢看，提建议也只剩一具空壳。

华为之所以引入合理化建议，是为打开公司内部沟通的大门，让每一位员工尽情地展示自己，表达内心真实想法。员工畅所欲言，提出合理建议，并在此基础之上加以固化，不断追求组织的优化和改良，促进公司改进，助力公司建设。

为了促进合理化建议实施，华为还会对帮助公司实现流程改进、产生效益、提高质量、降低成本的员工给予一定奖励，以此来引导员工从务实的角度去提建议。员工如何才能提合理化的建议？

① 必须有解决方案。合理化建议不能仅停留在发现问题的层面，必须依照问题提出相应的解决办法和途径。发现问题并不是一件难事，如何解决该问题，才是企业真正需要的。有员工曾对华为提出建议，他觉得公司缺乏整体性，于是建议上班佩戴工牌。看似有问题也有解决方案，但具体到操作实施：工牌怎么设计，如何制作，谁来监督，都没有说明。缺乏合理方案，只是一纸空谈，华为自然不予受理。

② 建议必须可实施。建议并非天马行空的幻想，其解决方案一定得具有可实施性。华为生产车间的一位员工，为了保证员工衣着干净，建议在车间设置公用洗衣机，让员工的

华 为 干 法：

华 为 干 事 业 的 5 2 条 细 则

衣服随脏随洗。听起来是个不错的建议，但在实际执行中却漏洞满满。要保证员工衣服随脏随洗，首先需要大量的设备投入，此外还需要单独的空间和相关管理的环节。投入成本与回报不对等，这条建议也就没有多么重要。

③ 建议需要站在更高的角度。周孝龙是华为早期的一名员工，在他刚进入华为时，为了积极响应合理化建议制度，经常就工作中发现的一些问题，提出自己的建议。但现实却给予他极大的落差感。周孝龙尽心尽力提出的建议总是被驳回，他只好把原因归结到建议评议人，认为是评议人不重视新员工的建议，或者闲事多不愿意去实施。周孝龙虽然对华为的合理化建议制度存在些许失望，多次碰壁并没有浇灭他的热情。在每次提出建议之时，周孝龙都会不断逼问自己这些建议对于企业来说是否真的有必要。长此以往，周孝龙开始逐渐认识到他提出的建议只是站在自己的角度，而没有站在全局的高度去看建议是否真的有价值。在认识到错误后，周孝龙在提建议时，都会尽可能多地了解与建议相关的情况和信息，使自己的建议不再局限于自己狭小的框架之内，而是努力将其融入整个组织中、体系中。改正后的建议果然很快就被采纳，周孝龙也收获到他应有的成就感。

合理化建议不是一个一蹴而就的改革，它同样需要一个培养和学习的过程。只有坚持不懈，用心去观察身边的小事，在提建议的过程中自我总结，与他人沟通交流，组织一定会因为你的建议而焕发出新的光芒。

第六章

沟 通： 打破信息壁垒

43. 学会"再确认"

职场上有这样一种现象：任务传达的时候，要么布置任务的人没表达清楚，要么听的人将任务误解为另一个意思。"传—收"双方的信息偏差，最终导致"表达"和"理解"两张皮，工作干完后才发现，效果差强人意，甚至根本没干到点子上。

还有很多时候，布置任务的人即使表达清楚，听的人也理解清楚，但等到真正干的时候，却把要点和关键点忘了。工作内容还不太清楚，凭感觉就开始迷迷糊糊地干，做起事来还是容易产生偏差。更普遍的例子是，和客户进行沟通时，交流过程中信息过多，结尾时如果没有对关键信息进行再确认，则容易造成沟通结果"模糊化"，沟通有效性大打折扣。

2000年9月，华为一个产品刚准备大批量发货，中试部就在实验中发现，该产品插一个匹配头的总线信号质量比之前设置的两个匹配头更好，因此提议在之后的机柜中只做一个匹配头的设置。关于这一提议，华为内部争论以后未有定数，该产品的匹配手册迟迟没有给定。

之后，产品线为了推进匹配手册的进程，组织在深圳进行封闭评审，匹配头的配置问题在咨询了相关专业人员以后，还是决定采用两个匹配头。但发货部门不知道这个消息，发货时仍按照一个匹配头的配置进行发货。

华 为 干 法：
华为干事业的52条细则

当时写配置手册的工作人员想法是,只要把配置手册更新,发货人员就会根据手册进行相应的发货,所以没有特意通知相关发货部门。出于这样的心理,部门之间失去了第一次改正错误的机会。

谁知后面出来的配置手册,关于匹配头配置的部分并没有说明。相关人员在审核发现这个问题后,只是发了封邮件通知发货负责人,并没有跟踪了解信息传达的情况。而发货部门也没有及时反馈沟通,进行再确认。就这样,又失去了第二次改正错误的机会。

就在这一次次缺乏沟通以及再确认的情况下,2000年12月份开始,华为开始陆陆续续收到客户的投诉。2001年3月份,中试部收到的3个投诉中就有2个是关于匹配头的。可想而知,沟通中缺乏再确认,后果有多严重。

沟通时,信息传递难免有误,因此学会再确认,至关重要。第一,再确认能帮助接收者理清工作范围,促进其对工作进一步地理解;第二,再确认的过程也是一个让传达者再次思考的过程,或许之前没讲清楚的地方,经过再确认就能想明白、讲清楚,让沟通双方都对工作有了进一步了解;第三,在紧急或者传达者带有情绪的情况下,准确获取重点信息,再确认是关键一步;第四,再确认的过程能给对方留下好的印象,展现出认真负责的工作态度,还能促进彼此关系。

跟客户对接,再确认尤为关键。以前,华为市场部的客

第 六 章

沟 通:打 破 信 息 壁 垒

户经理在前线拿到订单后，就用"鸡毛信"❶的方式把定单发回公司。这样的订单往往比较简略，也不太规范，当办事处的工作人员收到单子以后，根本看不明白。有时客户也说不清自己想要什么，到底是技术还是功能？是设备还是服务？是实际的需要还是潜在的需要？都不一定有把握。反正是功能越全、技术越好、交货越快，就越好。

在这样的情况下，客户其实没有表达出自己的真实需求，客户经理也没搞清客户的真实需求。搞不清，也不跟客户再确认。一怕客户嫌啰唆，二怕客户没信心，三怕正好给客户撤单的借口。为了订单，胸口一拍，跟客户打包票说没有问题，做得到。但实际情况是华为研发人员很难做到，产品要么直接达不到性能要求，要么不能按时交付，最后又只能跟客户扯皮。

没有再确认这个流程，工作就会存在很多的不确定性。不确定性又导致很多的费工、重工，既浪费时间，又浪费精力，还耽误工作进程。只有把再确认落实到位，才能将工作完成率提高。

沟通时，要明确找出模糊但重要的细节，坚持再确认，不能留下任何不清楚的地方。如果内部同事也不清楚，就要敢于直接跟客户再确认，宁可慢一拍，也要等待一切不明的细节都经过再确认以后，再开工。

华为有位叫金艳霞的员工，就是这样一位能承担压力、

---

❶ 指需要迅速传送的公文、信件。

华 为 干 法：

华 为 干 事 业 的 5 2 条 细 则

坚守职责的优秀员工。哈尔滨办事处在她的努力下，通过再确认牵引客户经理签订正确的合同，使合同越来越准确和规范。在她的努力下，最后哈尔滨办事处的紧急合同占有率从85%下降到1%，合同的更改率由50%下降到5%，合同的供货期符合率达到100%。

事实证明，无论是职工还是客户，最终对"再确认"都是乐于接受的。因为这在很大程度上避免了因沟通不畅导致的执行脱节问题，并带来了更深的信任感和安全感。

44. 利益关联方更好沟通

1999年，华为向IBM引进了IPD（Integrated Product Development，集成产品开发）。IPD是一套产品开发的模式、理念与方法。一共包括产品的概念、计划、开发、验证、发布、生命周期这六个阶段，通过对这六个阶段的开发过程进行优化以及相应的质量控制，达到提高研发产品的规范性、时效性，缩短产品的开发周期，降低研发产品设计成本的目的。

其中，IPD特别强调跨部门协作性，要求研发人员不能只注重研发，而应该参与到产品从前期了解市场需求，到中期中试人员对产品的测试，再到后期交付等全流程中。IPD还要求项目一开始就搭建团队，团队中要包括项目所有环节的负责人。对于这样一支跨部门的团队,如何有效快速沟通,成了重中之重。

在IPD项目中,每一个环节都和每个人息息相关。因此,因为部门壁垒而造成的沟通不畅问题,在这时候就得以轻易解决。项目中成员不会相互推责任,不像以往只负责自己工作内容的部分,而不关心整体协调性。

在IPD推行之前,华为研发人员不了解市场真正需求,也不跟市场人员沟通或是直接跟客户沟通,只是按自己喜好研发产品。而市场部销售人员,为了拿订单,冲业绩,承诺一些不切实际的要求。这种"无脑"的承诺导致有些产品研发人员难以完成,最后只有不断地推迟交付,而有些产品即使交付给了客户,也会因为不满足客户要求而不断修补完善。客户也因为这种沟通脱节而导致的问题对华为信任度下降。

到了IPD,不仅市场人员要去了解市场需求,研发人员也得了解市场需求,必要的时候,还要直接去市场跟客户面对面沟通交流。这样了解的信息也就更加全面具体,更能研发出市场需要的产品,真正实现了"以客户需求为本"。

但毕竟市场部人员长期待在市场,对市场的把握更准确,所以市场人员也应该全程参与。在项目制定阶段就给到研发人员合理开发建议,在项目后期及时给研发人员反馈产品市场反应,让研发人员能对产品进行及时的改正和完善。这样一个信息交流的过程,就让工作变得更加顺畅。

沟通还让决策失误的情况减少了。以往做产品,决策是非常头痛的。需要决策的事情太多,不论什么领域的事情都需要产品经理决策。有了IPD以后，决策是团队商量过后的结果，不用领导来拍脑袋，能够减少很多决策失误的情况。

例如，华为某产品单板验证时遇到困难，项目组马上暂停验证计划，成立跨部门的攻关组，商议解决相关问题。攻关组经过一段时间的讨论后，得出解决办法，并将问题解决。之后项目组又启动后续的验证计划，同时调整主计划。就这样，产品试验局计划进展顺利。

华为推行IPD收到了较好效果，极大地提高了华为产品研发的效率。随着公司的发展，华为后来又在IPD的基础上推出了敏捷。

敏捷强调程序员团队与业务专家之间的紧密协作和面对面的沟通，是一种应对快速变化需求的软件开发模式。敏捷与IPD相比，更强调拥抱变化，强调与客户的紧密合作，把沟通放到了更重要的位置。

华为为员工提供专门的敏捷办公室，在这里，一切都是为了便于沟通而设置的。

与传统每人一张办公桌，每个桌子用挡板隔离出单独的空间不同，敏捷每个项目组有一张能容纳8～10人办公的大长方桌，项目组成员围绕桌子面对面坐，不再隔离出单独的空间，方便小组成员之间相互沟通交流。在办公位设置上，将工作相关的开发、测试、资料、SE组成特性团队坐在一起，其目的是为了达到最有效、最及时的沟通。发现问题马上讨论，快速反应。办公区四周的都是白板，方便开发人员在讨论的过程中及时写下自己的想法。墙上还挂有大尺寸液晶显示屏，不断翻动显示测试结果、任务进度等各类数据。

  随着AI、大数据、物联网的蓬勃发展，企业所处的商业环境瞬息万变。科技的进步带来的是越来越复杂的新业态，要求企业能更快跟上需求变化、缩短产品交付的周期、降低开发成本。这对团队工作提出了更高的要求。只有善于沟通的团队才更具灵活性和黏性，成员之间彼此依靠、相互合作，才能万众一心往前走。每个人都走一小步，华为就能前进一大步。

华 为 干 法：

华 为 干 事 业 的 5 2 条 细 则

华为干法：
华为干事业的
52条细则

HUAWEI

第七章

内生：
学习是唯一解

如何使企业保持活力，是企业永续发展的难题。多年前，华为就在思考，下一个倒下的，会不会是华为？在强烈忧患意识下，企业力求激发组织内部每一个细胞的活力，而学习就是保持活力的关键因子。建立学习型组织，让每个人都保持学习的热情和动力，训练创新能力，提高执行力，推动着华为与时俱进、持续前进。

45. 兴趣是最好的老师

照理说，学习是一件很难一以贯之的事情，但如果是一件自己喜欢的事情，兴趣就是最大的动力。华为的很多研发人员，拥有着对研发本身的热爱。

在1997年进入华为时，施映对通信一无所知。多年后，她成为开发出128、UMG、CGA等在市场上极具竞争力产品的技术大拿。对研发的喜爱是她学习的动力，助力她从技术小白成为专家人士。

华 为 干 法：
华为干事业的52条细则

对于别人来说枯燥的单板调试，对施映来说都是有趣和令人向往的。经过她调试的单板，她能拍着胸脯说："这是我调试的单板，保证没问题！"在工作中学习，也在学习中工作，让施映实现了自我成长，也为公司创造了不少价值。

除了硬件，软件开发也是华为的主要业务之一，说到软件则就离不开程序员，离不开代码。对于非计算机专业出身的庞立祥来说，软件不是他的工作，而是令他痴迷的东西。

这位华为研发猛将，曾获得过2012年固定网络BU金码奖和软件精英百强荣誉称号。大学时通过书籍自学C语言、各种高级语言和软件方法，还有Web开发的内容，让他的迷惘、未知和疑问得到了纾解，拓展了他的知识面，更是让他培养了自学能力和养成了看书的好习惯。到工作后开始深入代码，深入C语言，更加感受到编码的魔力。同一个问题用不同的办法解决，在逐渐精练的语言中更加高效地解决问题，以兴趣为动力，通过不断思索、不断学习、永不满足来丰富自己，这是庞立祥对待编码的态度。

和庞立祥一样的还有肖腾飞。20世纪90年代，肖腾飞买了个学习机，按照说明书，用GBASIC语言输出图形，开始了编程的启蒙。读大学的时候更是"放飞"自己，体验了各种操作系统，发现了编程的乐趣，至此在编码的路上一路向前。来到华为之后，肖腾飞发现编程之外还有更大的世界，面临着各种新的挑战。

2008年，华为启动下一代智能网平台的开发，因为初期版本质量不稳定，经常出现宕机，组织就安排做消息平台的

第七章

内 生： 学 习 是 唯 一 解

肖腾飞转做了话音平台。

为了能够胜任这个并不熟悉的工作,肖腾飞做了不少努力。不熟悉信令协议,就把协议规范打印出来反复读,和研发一起开发业务,定位解决问题;面对宕机的问题,他不断学习汇编指令来提升定位问题的能力;产品性能提升攻关的时候,他白天分析前一晚的测试数据与优化代码,晚上用机器持续测试稳定性。经过一个多月的努力,产品的72小时稳定性呼叫各指标表现平稳,基准流程CAPS(每秒试呼次数)从原来每块单板100+提升到1300。

2014年以前,华为的开发框架是OSGi,它曾为研发带来便利,但由于整个系统生态式微,越来越多的第三方组件不再支持OSGi框架适配,坚持沿用反而增加了成本。2015年初肖腾飞作为负责人,将OSGi替换成了渐进式地引入微服务框架,提升了团队并行开发效率。

在软件日新月异的今天,任何过去的技术都有可能成为成功的绊脚石。只有不断学习和调整,才能跟上发展的步伐。

46. 组织助力学习

研发离不开学习。个人学习是一种方式,而更多的时候,组织支持能够让研发人才学习得更加高效。在华为内部,既有浓厚的学习氛围,也有完善的机制,为员工提供更多的学习机会和更广阔的学习空间,帮助每个人快速成长。

"问题在于你有问题不提出来",这是无线GSM项目组的口头禅。也是华为对所有研发人员的要求,有问题不憋在肚子里,提出来集各家所长,相互学习,每个人都能当老师。

就像在华为中研部,有很多乐于帮助他人,主动为他人分忧的同事,还有为研发人员排忧解难的电子公告牌。在这些电子公告牌上发布技术问题,即可得到中研部全体技术人员的帮助。

"编程技巧""问题求解""求助""讨论"这些内容在电子公告牌上十分常见。从小的电阻电容,到大的电信产品,只要有问题,交流和帮助就随时随地都在发生。曾经以为饱受问题困扰的开发人员,在电子公告牌上请教数据库问题,马上就有三个人提了两种方法帮他解惑。

"资料共享""诚恳推荐""我的发现""曲径通幽""膏药一片",是电子公告牌上众多的中研部同事无偿分享的工作技巧、改进方法和学习心得。

除了解决问题,分享总结经验,研发人员还在电子公告牌上讨论感兴趣的专业问题。一个关于Borland C++的升级问题就曾引起过众多研发人员的参与讨论。

关注员工成长和提高,是硬件部的传统。在华为的接入网硬件部,研发人员每周都会收到一个由工作中常见的错误案例构成的题目,通过做题,可以提高部门工作的能力。

硬件部还有一本"法宝",叫《能力提升视图》。主要用来识别HCMM(硬件开发流程)中的各项活动,分析活动出

第七章

内 生: 学习是唯一解

现的那些短板的原因，并给出解决建议。部门还为成员制定了"培训+考试""必修+选修""学习+实践"等多种能力提升方案，推出了"案例集锦""趣味答题""知识竞赛""代码评比"等提升员工能力的活动。

"接入网硬件博物馆"也是非常具有代表性的存在。"参观博物馆"是新员工进部门后的第一课。博物馆里有芯片供应商在项目突破后制作的纪念品，也有很多接入网历史上失败的、没有商用的、规模返还的单板。通过QA或PM讲解单板背后的故事。经验教训一目了然，也更加深入人心。

47. 建立文档思维

研发需要创新，但这并不意味着总是天马行空。创新是在本职工作扎实的基础上进行升华，所以不能忽略培养做好文档的习惯。训练文档思维是华为研发人员的重要学习方法。

华为在产品研发方面，积累了大量经验。如果弃之不顾，那就是丢了宝贝，而一旦把这些经验进行总结凝练，就可以拿来指导实践。高质量的文档能更加有效地避免错误、重复，将以前分散在不同开发人员脑中的有效方法整合起来运用在工作中，不仅能提高效率，还能降低成本。

华为特别注重文档的规范，要求公司上下学习如何加强文档质量建设。文档内容不仅是产品概要设计、详细设计、数据记录，还包括方法、思维方式的记录，以及例外工作例行化的流程文件。

华为工程热物理专家李泉明就曾说过："勤于总结是你成为技术专家的唯一天梯。"他认为，写总结能帮助人理清思路，培养严密的逻辑思维能力，在工作中找到正确的方法。重要的观点、数据、结论甚至是主要公式，都值得认真记录。研发人员应当每周、每月对零散记录的东西进行归纳整理与总结，形成文档保存。长期坚持下去，零散的知识就规范成为系统的理论。除了助益自己，还能分享给有需要的人，把经验传播出去，同事之间一同成长，收获双倍的成就感。

黄思平作为华为中国地区部移动核心网首席解决方案专家，在工作过程中也是一直坚持经验总结和优化。2001年到2004年，在处理工作问题的过程中，将这些问题的处理方式、经验教训总结成了超过1GB的"黄思平文档"。通过学习他的文档，其他研发人员实现了经验快速复制。后续加入G6产品的成员，参照这个文档就能解决多数问题。

文档也多次在华为的项目中发挥重要作用。

交叉芯片问题攻关时，华为海思维护人员陈霞承担起了问题攻关的主导角色。通过一周多的时间将问题解决。项目结束以后，陈霞将此次攻关的经验写成案例，在团队中做了详细的分享和总结，并且形成了多条样片测试改进点和《××××信号质量调测指导》。在后期的多个产品开发过程中，这些经验都应用到了实处，同部门的研发人员也将这本指导戏称为"宝典"。

第七章

内生：学习是唯一解

而在另外一个阿联酋3G的商业局中，文档也发挥了至关重要的作用。工作人员为了保证产品的稳定，在开发过程中不错漏任何一个BUG，任何一次异常现象，将文档的作用发挥到了极致。

当与客户在沟通中出现问题时，文档可以解决不少难题，客户能够从文档上获取许多关键信息，解决自己遇到的难题。而到了项目中后期，华为的文档都是经过精细的制作和检查的，不仅外观精美，而且内容完备、通俗易懂，与客户之间的沟通不仅更加流畅，也能快速获得客户的认同。好的文档，也代表了华为形象。

48. 走出能力陷阱

"不识庐山真面目，只缘身在此山中。"当企业发展到一定程度时，都要善于引进外部力量，避免局中人的麻木状态。尤其是科研不同于一般产业，要广泛地调动学习资源，收集外部信息。如果只是固守在自己的圈子里"闭关锁国"，终究会困死在"能力陷阱"中。

华为如何走出"能力陷阱"呢？

首先，对外盘活学习资源，吸收多方能量。华为提倡搞研发和创新，不能两耳不闻窗外事，埋头干苦活。而是要充分采用"拿来主义"，向别人学习，用活公司和社会的资源。

华 为 干 法：
华 为 干 事 业 的 5 2 条 细 则

任正非甚至强调，华为做产品，一定要70%以上利用现有资源，30%以内才去自我开发。华为提倡多学习国外专家的新技术，加以借鉴，避免走弯路。

2009年，华为在瑞典举办第一届CTW（Cooling Technology Workshop），让华为员工可以与学术界专家交流对话，广泛吸收最前沿的研究成果。借助CTW，华为迅速建立起自己的专家资源库，为及时了解行业技术动态和趋势打下良好基础。当遇到难题时，华为也直接能找到最权威的学者请教。有一次，客户对华为的产品进行质量验收时，发现干燥的光纤头在对插后竟然产生了水痕。水痕究竟从何而来？华为根据已有的经验，无法给出解释。研发组至多能给出一种猜想，但却没有理论支撑，于是立刻打电话向CTW上认识的几位教授求助。教授很快找出了理论公式。在验证了自己的猜想之后，研发组迅速拿出分析报告，完美解答了客户的疑问。连客户都很惊讶，没想到华为居然能交上一份如此专业的答卷。

华为擅长借助外部专家请援，高效利用智库力量。从1998年起，公司就引入IBM咨询团队，全面学习西方经验，持续提升内部管理。此外，埃森哲、波士顿咨询、普华永道、日历咨询等咨询公司也是华为的外部智囊团。

其次，对内则是实现自我突破。华为绝不允许自己沉浸在原有的优势中，掉入"能力陷阱"。通信领域技术更新换代速度非常快，因而企业面临的生存压力也很大。在传统制造业领域，可能企业之间会存在一定的技术代差，但在信息行

第七章

内生： 学习是唯一解

业，技术上的差距很容易在短时间内被抹平，只要企业稍不注意，就有可能被竞争对手超越。这也是华为要确保自我创新的原因。因为一旦在"能力陷阱"中停滞，创新能力不足、动力不够，就可能成为行业内的淘汰者。

为此，华为不断对内突破，重金投入研发，以保持创新能力。早在1998年，华为就将销售收入的20%用于建立企业大学，致力于将财务资本转化为技术资本。甚至在整体收入并不理想的寒冬，维持企业正常运营的资金捉襟见肘，但任正非仍然执着地支持研发工作，尤其是当他从IBM和贝尔实验室考察回来之后，更是坚信了自己的创新之路。当有人质疑华为公司每年将年收入的10%投入到研发工作当中时，任正非说了这样一番话："在实践中我们体会到，不冒风险才是企业最大的风险。只有不断地创新，才能持续提高企业的核心竞争力，只有提高核心竞争力，才能在技术日新月异、竞争日趋激烈的社会中生存下去。"2016年，华为将销售收入的14%以上都投入研发当中，其中有20%～30%用于研究和创新，约有70%用于产品开发❶。如果削减研发相关的费用，华为的收益率能够更高，但华为却没有做出这样的选择。还是砸下重金，去赌未来的棋局。

许多企业的失败，是从取得成功开始的。成功之所以可怕，是因为它会让人麻痹，故步自封。如今已经迭代到了共

---

❶ 任正非. 为祖国科技百年振兴而努力奋斗[N]. 学习时报，2016-08-11（001）.

华 为 干 法：
华 为 干 事 业 的 5 2 条 细 则

生、共享、共连的新信息时代，诸如人工智能、大数据等新技术层出不穷，新的竞争形势下，一切商业模式皆有可能。面对成功，华为始终保持冷静，在进行自我打破的基础上，引进新资源和新能量，以走出"能力陷阱"，让组织重新焕发出活力。

第七章
内 生：学习是唯一解

华为干法：
华为干事业的
52条细则

HUAWEI

第八章

文 化：
精神堡垒要稳固

文化是企业发展的灵魂,能将分散的力量拧成一股绳。华为建立之初,就极其重视文化的建设。取自"中华有为"的这一企业名字,即代表华为创业时的远大理想和奋斗精神。华为的文化并不是虚无的口号,而是能让华为人看得见、摸得着的具体细节。华为的文化感染力无处不在,甚至远远超出了企业文化本身的价值。本章将详细阐述华为企业文化和价值观的构建。

49. 唯有文化生生不息

"资源是会枯竭的,唯有文化才会生生不息。"任正非如是强调。作为国内通信企业的引领者,华为的文化辐射力很强。对华为稍有了解的人,都会知道诸如"以客户为中心""以奋斗者为本"的几个核心关键句。但华为的文化并非一开始就如任正非所说,生生不息、旺盛蓬勃。华为的核心价值观经历了从混沌到提炼总结的过程。

华为干法:
华为干事业的52条细则

1987年到1995年间,华为艰难创业。伴随着一件又一件的里程碑大事,华为相继提出了"板凳要坐十年冷""胜则举杯相庆,败则拼死相救"等口号。口号短小精干,往往最能激发人奋斗的精神。华为对每一句口号的提炼,都有其用意。比如"板凳要坐十年冷",是为了激励员工做好本职工作。

华为创立初期,曾研发出一款日发货量近万的电路板。为给电路板做优化,华为特意成立了一个项目组。项目组埋首钻研,很长时间才弄清楚一个电容优化。几经努力优化成功后,项目组把优化成果写成一篇工作总结。这篇总结偶然被任正非看到,直接把报告标题改为"板凳要坐十年冷"。以此鼓励员工静心搞研究,做实每一件小事。就这样,"板凳要坐十年冷"在华为上下传播开来,成为员工耳熟能详的口号。这类口号是华为企业文化的雏形,虽不成体系,但仍然在潜移默化间影响员工的观念和行为。直到今天,这些深入人心的口号,依然在华为发挥着重要作用。

1996年到2000年,随着《华为公司基本法》(下称《基本法》)开始酝酿,华为企业文化从"混沌状态"走向了清晰化、条理化。1996年,任正非请中国人民大学六位教授前来建立华为的基本法。这六位教授后来被称为"华为六君子"。六君子之一的吴春波在《华为没有秘密2》里回忆了与任正非第一次接触的场景。当时,任正非给教授们描绘了几句华为

第 八 章

文 化: 精 神 堡 垒 要 稳 固

"三分天下"的美景❶，然后就直截了当抛出一个问题："你们要多少钱？"上来直接就谈钱，知识分子们都被吓住了，还没来得及反应，任正非就接着又问："一百万够不够？"这两句简短疑问句，所体现的正是典型的任氏风格：爱才如命，挥金如土。

说挥金如土并不为过，华为当时兜里确实没几个钱，员工发工资都是打白条，但是对人大教授们，仍旧慷慨至极。因为任正非相信，《基本法》值这个价钱。《基本法》起草前，华为因为内部思想不统一，阻碍了进一步发展。为打通思想的"任督二脉"，任正非提出要对华为的发展进行系统的总结和提炼，建立一份对华为未来发展道路具有指导意义的纲领性文件。所以《基本法》不是法，而是使命与价值观的宣言。从1996年起，《基本法》起草时间横跨三年、八易其稿，参与人员成千上万。因为起草期间，每一条法则都经过了华为全员的反复讨论，所以员工们对《基本法》烂熟于心。《基本法》基本确立了华为的核心价值观，在华为发展的关键时刻，凝聚了强大的精神动力。这好比华为是一个木桶，而核心价值观就像箍桶的绳子，能使桶箍成型。

2000年左右，华为开始大规模进军海外市场，并于2005年正式确立《华为核心价值观》，使企业文化进得到一步丰

---

❶ 任正非认为，这个世界不需要太多通信设备制造企业，全世界有三家就够了，而未来，华为必须要成为这三分之一，就是要"三分天下有其一"。

华 为 干 法：
华 为 干 事 业 的 5 2 条 细 则

满。《华为核心价值观》包括华为的愿景、使命和战略。具体而言,华为以"丰富人们的沟通和生活"为愿景,以"助力客户的商业成功,持续为客户创造最大价值"为使命,并以"为客户服务是华为存在的唯一理由,客户需求是华为发展的原动力"为中心战略。华为把核心价值观当作支撑员工海外拓展的精神支柱。

2005年到2008年,是华为海外市场快速扩展的三年。与此同时,华为企业文化也不断演进。2008年,经过全员大讨论,华为确立了面向全球员工的《华为核心价值观》。华为认为,全球的员工没有性别差异,没有岗位之分,也没有国籍之别。让所有华为人参与到核心价值观的讨论中,是一个民主讨论的过程。核心价值观与华为人息息相关,每个人的观点、每个人与公司核心价值观相关的经历与故事……都将被倾听、被传阅并汇聚成为华为核心价值观的一部分。因此华为核心价值观的搭建者是全体员工。最终,华为的六条核心价值观被确定为:成就客户、艰苦奋斗、自我批判、开放进取、至诚守信、团队合作。

据华为基层主管刘雨凌回忆,此后,华为内部的变化悄然而迅速。2008年第四季度开始,她发现PBC中出现了一个叫作"价值观和行为"的考核项。原本有关以客户为中心的描述,从"客户优先"改为了"成就客户"。"客户优先"只是单纯强调以客户需求为第一优先,而"成就客户"不仅体现了以客户为第一优先,还强调了持续为客户创造长期价值

第八章

文化:精神堡垒要稳固

从而达到成就客户的目的。

这个改动体现了华为核心价值观的逐渐完善。2008年这一版本后,华为核心价值观即已基本定型。六条核心价值观的语言非常朴素,静水潜流,代表了华为的企业性格,也代表了华为人肩上的责任和道义。

50. 让文化落地

企业文化是一个企业的灵魂。没有灵魂,企业如同一盘散沙。但企业文化、企业价值观不是喊口号,也不是贴在墙上的标语,它必须与具体的制度流程连接,才能真正植入到员工的内心。

许多企业都很重视落实价值观,阿里巴巴就是其中之一。阿里巴巴将价值观纳入考核体系,其中价值观占比为50%,与业绩比重等同,并且与每年的年终奖和晋升机会息息相关。马云认为:"企业文化是考核出来的,如果你的企业文化是贴在墙上的,你也不知道怎么考核,全是瞎扯。"因此,阿里巴巴有一整套价值观考核的机制,一共分6个考核方面,30个考核细则。设计严密,并且好实施。

文化要做实,而不是说空话。为了让文化落地,把分散的力量拧成一股绳,华为针对企业文化落地制定了一套制度和方法。

让新人认同企业的文化,至关重要。通常而言,只有和企业"气味相投"的人,才能被调动出最大的能量。因此新员工一入职,华为便紧锣密鼓地对其进行文化基因植入。

岗位培训和文化培训是华为新员工入职的两个培训环节。文化培训是所有校招应届生的必经阶段,时间为5～7天。所有新员工都要到深圳总部参加培训,并被随机分成不同的班级。每个班级都会分配教导老师。

夏天,华为向每位员工免费发放两件T恤,秋冬则是发一套运动服。新员工像还在大学校园一样,白天按时集合跑步、上课,晚上一起开辩论会。华为主张理越辩越明。辩论中,新员工要阐释为什么华为会出台相应的政策和制度,它反映出的文化、价值观是什么。放假时,教导老师还会给新员工布置"用一幅画表达对华为核心价值观的理解"等题目,作为课后作业。这些成绩,最后都会影响新员工的培训得分。

统一的着装要求和听指令行动,能帮助新员工形成严格的纪律意识,而教室里贴的诸如"胜则举杯同庆,败则拼死相救""烧不死的鸟是凤凰"等标语,也有润物细无声的影响力量。

在培训期间,新员工还会被要求看一部电影,两篇文章,三本书。

电影名字叫《那山那人那狗》。讲述了一名即将退休的乡村邮递员,带领接替自己的儿子第一天上班的故事。在信件

第八章

文 化: 精 神 堡 垒 要 稳 固

作为大山和外界唯一沟通方式的年代,邮递员的工作至关重要。老邮递员在二十多年里,靠着自己的双腿,兢兢业业履行着自己的职责。华为之所以要求新员工看这部电影,是希望每一个新员工,可以拥有最基本的敬业精神。

两篇文章分别是任正非写的《致新员工的信》和美国作家阿尔伯特·哈伯德写的《致加西亚的信》。《致新员工的信》中详细讲述了华为文化价值观的重点,以及华为对于新员工的期望和期许;看《致加西亚的信》则希望新员工认识到作为一名员工,乃至一个人,一定要做到重信守诺,即使路途坎坷也一定要"把信准时送达"。

最后是三本书——《黄沙百战穿金甲》《下一个倒下的会不会是华为》《枪林弹雨中成长》。这三本书都是华为人自己书写的华为故事,其中既有华为发展史的大故事,也有某一部门在完成某一项目过程中的小故事。新员工读完以后,要上交读后感。华为希望通过这些故事,让新员工认识、领悟华为的核心文化价值,并在此基础上,成为一名具有企业文化认同感的华为人。

为新员工植入文化基因,导师的积极作用也必不可少。在华为,导师也被称为"思想导师"。从接触新员工起,导师就会对其思想状况进行摸底,后来还要定期与新员工进行沟通,喝茶吃饭。华为对导师的选拔条件有两个:一要绩效好,二要充分认可华为的企业文化。导师要起到正向带头作用,营造浓厚的文化氛围,才能让新员工更快将华为核心价值观

华 为 干 法:

华 为 干 事 业 的 5 2 条 细 则

融入血液。新员工的导师，相当于是部队的"指导员"。

为防止文化稀释，保证文化落地，华为还对促进员工践行企业文化，搭建了一定的制度。比如华为会按月对员工的工作状态、思想状态进行考核打分。思想严重滑坡的，行政管理团队还有权对其进行开除。2008年，郑波主管广西南宁代表处期间，手下的一位客户经理玩忽职守。郑波对该客户经理的思想状态进行考核后，在行政管理团队会议上陈述了其怠慢客户、行为散漫等事实，建议开除。行政管理团队同意了郑波的决定，对客户经理进行劝退。

直线干部和团队带头人，是企业文化宣传与贯彻的第一人。当团队成员误解企业文化，甚至偏离轨道时，带头人要勇于承担责任，并作出抉择。一味纵容违反企业文化的行为，只会动摇企业文化在其他奋斗者心中扎下的根。

华为的核心价值观考核虽然没有像阿里巴巴那样，一定要占业绩的50%。但是行政管理团队的存在，也让核心价值观的落实有了制度的保障。

对于企业文化的贯彻，华为还通过高层领导带头、内部文件传阅学习等方式落实推进。其他如《华为人》报纸，也被广泛应用于宣传华为的核心价值观。总体来说，华为采用软性渗透的方式，把企业核心价值观融入生活的点滴中，让员工看得见、听得见、摸得着企业文化，进而认识并践行核心价值观，促进其提升工作，奋进前行。

第 八 章

文 化： 精 神 堡 垒 要 稳 固

51. 从中国走向世界

据任正非介绍,华为这个名字起得相当随意。当初注册公司时,想不出名字,他看到墙上"中华有为"的标语,脑袋一拍,就取了个"华为"。

之后,任正非评价:"华为这个名字应该是起得不好。因为'华为'的发音是闭口音,不响亮。最近我们确定华为这个名字不改了。我们要教一下外国人这个名字怎么发音,不要老发成'夏威夷'。"

华为成立于1987年,初期在深圳靠着代理一家香港公司的交换机起家。但很快,当国内厂商开始自主开发交换机,任正非意识到一直走代理这条路只会被国内低价交换机挤到无路可走,于是华为也走上了自主研发交换机的道路,成为国内较早一批通信企业。

那时的国内通信厂商,是带着民族使命而来的。20世纪90年代左右,中国开放管制已久的通信市场,引得国外如爱立信、摩托罗拉、北电等通信巨头纷纷涌入,一时之间国内通信市场被国外企业瓜分殆尽。由于国内没有能够与之抗衡的产品,国外厂商联合起来把通信产品价格定得奇高。在大部分国人月平均工资只有一百来块的年代,装一部固话却要几千块。在这样的背景下,如何摆脱国外厂商的市场垄断,让自己的民族品牌崛起,成为那时候国内通信厂商的历史使命,而华为正是肩负这一使命的一员。

为民族通信业崛起而奋斗的华为,先后研发出了自己的交换机等一系列通信产品,和当时国内的几家通信企业一起,打破了国外厂商的垄断,呈现出国内外厂商一起同台竞技的局面。并且将国内市场上通信产品的价格压低,完成了在那个特定时期的使命。

但华为其实一直是一家具有国际化视野的公司,早在1996年,华为就已经开始了国际市场征程。

在国内,华为虽然占据了一定的市场份额,但都是靠着"农村包围城市"的策略,在偏远地区打下了江山。有限的市场份额,让华为萌生了出海的念头。1996年,随着香港回归的临近,李嘉诚有意识地想要选择和一家国内通信厂商合作,华为就这样迈出了国际征程的第一步,为长江实业旗下的和记电讯提供以窄带交换机为核心网的通信产品。就这样,开启了华为艰难的海外拓展征程。

由于欧美这样的高端市场早已被巨头通信企业瓜分殆尽,华为继续选择"农村包围城市"的策略,从俄罗斯、非洲、东南亚这样通信发展较薄弱的国家开始,去那些巨头企业不愿意去的地区,卧薪尝胆,蛰伏着等待机会。

到2000年,华为人靠着艰苦奋斗的精神,先后突破了俄罗斯、泰国、印度、非洲、中东、拉美等十几个国家和地区。那个年代,国际上对于中国产品的认知还停留在"劣等品"中,华为不仅要让自己产品的能力被认同,还要克服文化差异,适应一些国家诸如疟疾、战争等情况的特殊艰苦环

第 八 章

文 化: 精 神 堡 垒 要 稳 固

境。靠着华为人敢拼敢搏的精神，啃下了一块块的硬骨头后，华为开始攻占欧美市场。欧美市场虽然没有疾病和战争的威胁，但华为却要开始直面国外通信巨头的威胁，进行正面交锋。华为曾为了和沃达丰英国子网合作，接受了对方长达两年的认证过程。通过一步一步完善自己的体系，努力和国际接轨，达到国际标准，华为撬开了欧美市场的大门。

在华为不断向世界进军的过程中，特别重视开放合作。在全球与友商一起合作，在重要国家当地建立实验室等。例如，华为利用3COM世界级的网络营销渠道与其成立合资公司售卖华为产品；与摩托罗拉在OEM（Original Equipment Manufacturer，原始设备制造商，俗称"代工"）合作基础上建立联合研发中心；在微波的故乡意大利米兰建立微波实验室；等等。通过开放与合作，帮助华为更快地融入当地市场。

除此之外，为了消除文化差异，获得海外市场认同，华为一直在努力。以华为终端拓展国际市场为例，在华为终端进军外国市场初期，国内企业普遍都面临着在消费者心中知名度不高、没有确定的品牌形象这一问题。为了解决这一困境，华为做了很多努力，也走了很多弯路。

刚开始时，作为一直不太注重品牌营销、只注重技术研发的华为来说，如何让华为品牌走进消费者心中是个难题，企业内部员工对于企业营销的实践也非常少。为此，华为发挥一直以来的合作精神，积极寻找专业外援。美国一家4A公司（American Association of Advertising Agencies，美国广告代理商协会）给华为的建议是找一个品牌形象代言人，就像苹

华 为 干 法：
华 为 干 事 业 的 5 2 条 细 则

果的乔布斯一样能让品牌快速深入人心,华为根据这个建议,设计了一只"小红猫"为代言人,但这个方案还没有正式公布就已经"胎死腹中"。后来华为Ascend P1发布,为此打造了一支"白马撞老人"的广告,内容不知所云,最后Ascend P1在市场上也没有激起浪花。

初期的华为终端为了进入国际市场,有所迷失,曾还一度想过要不要改名。但后来经过一系列的试错,华为及时进行反思,认为在"入乡随俗"的过程中,也不能丢掉自己,要让大家认识到真实的华为。只有强烈的身份认同和强大的文化认知,才能形成自己的品牌价值体系。

为此,华为对内坚持以客户为中心,以奋斗者为本,长期坚持艰苦奋斗;对外,保持华为的协同能力、创新能力和华为的国际企业精神。发挥自己的技术优势,还重回华为传统的业务目标,励志要冲1000亿的市场。

事实证明,华为是正确的。2019年,华为智能手机出货量超过苹果,位列世界第二。2020年4月,华为的智能手机出货量第一次超过三星,位列全球第一。三十多年来,华为人坚守文化认同,不断克服困难,勇往直前,终成今日之华为。

52. 同一个华为

华为的文化认同,是由内而外的认同,不只是华为的员

第八章

文 化: 精神堡垒要稳固

工，华为的客户、供应商，还有华为竞争对手的态度，都是认同华为文化的一种体现。

华为员工非常吃苦耐劳，认同公司"以客户为中心，以奋斗者为本，长期坚持艰苦奋斗"的文化核心。不管是早期坚持自主研发，还是在通信市场打出一片天，抑或是进攻通信技术的"无人区"，华为一直在啃硬骨头，华为员工也一直在做非常有挑战性的工作。

企业的文化不是写出来的，而是通过员工长年的艰辛工作和日常生活的一言一行积累表现出来的。华为每一次的成功，都不是天上掉下来的馅饼，而是在每一个环节上踏踏实实做事的结晶。

华为文化是支撑华为成功的关键因素之一。然而，文化不是一成不变的，是随着公司的发展而变化的，在发展的不同阶段，华为文化也有差别。创业初期，华为中研部的很多员工在机房地板上，经历了很多重压、艰辛和苦涩的时光，这种默默奉献，不求闻达的精神，是早期华为特色的重要文化之一。现在，华为不再提倡"床垫文化"，而是在艰苦奋斗的基础上，合理安排工作时间，以更加科学的态度安排工作内容。任正非还强调要爱护员工，要求给加夜班的员工多吃点，吃好点。

正是那些深入华为人骨髓的传承精神以及随着时代变化而不断发展的文化，构成了华为的文化，成为每一位华为员工工作的一部分，和华为一起，创造辉煌的业绩。

华为把企业文化传递给员工，员工通过工作把企业文化

华 为 干 法：
华为干事业的52条细则

传达给客户,让客户体会到什么叫华为精神。

华为曾着力开发一款智能 E-FUSE 配电盒,意在把这个产品打造为开拓北美市场的利器。但产品在开发阶段就遇到了难以克服的技术问题,研发组进行了长时间的攻关,但一直没有取得突破。团队成员的心情很沮丧,一度想要放弃。

在这关键时刻,项目部长张立元站了出来:"'必胜'不是说我们稍微干一下就'必须胜利'了,而是要经过很多挫折和努力后的'必然胜利'。"在后来的攻关过程中,张立元亲自带领大家一起打板做样,并去实验室做实验。

经过60天的再度攻关,终于解决了全部问题,使项目成功交付。产品铺到美国市场后,有客户评价说"华为 E-FUSE 很好很强大"。

这样的例子还有很多。华为在瑞士北部部署的 G.Fast 方案也算是一个。

用电话线拨号上网是最早的互联网接入方式,最开始的电话线里用的是铜线,但由于信号传输速度太低,后被光纤取代。"光进铜退"对于历史悠久的欧洲城市来说非常困难,这意味着需要在一些历史悠久的古堡和名胜古迹上穿墙凿洞,显然不现实。如何让原有的铜线具有和光纤媲美的传输速度,对技术来说是一项挑战。

华为研发人员在2012年研发出了传输速度媲美光纤的新铜线 Vectoring(矢量化串扰抵消),并重新定义了新一代的铜线接入标准 G.Fast。紧接着华为在瑞士的北部小镇比伯恩部署了全世界第一个 G.Fast。比伯恩这个风光优美的小镇,被

第 八 章

文 化 : 精 神 堡 垒 要 稳 固

群山、森林、河流和湖泊所环绕，拥有两百多户居民，虽然自然风光优越，可基本没有无线信号，宽带慢得令人发愁。

华为通过G.Fast帮助瑞士电信为比伯恩开通了超高清业务，当地居民与到现场参加开通仪式的华为员工握手，不停地说感谢。瑞士电信的副总裁也表示特别感谢华为员工的出色工作表现，是华为在压力下坚持不懈地努力付出，不断优化完善方案，使得瑞士电信能够向世界展示下一代宽带。

友商对华为的文化认同，则更能体现华为的文化价值。雷军曾说过："我们和华为相互比拼、相互超越，共同成长。因为一枝独秀不是春，万紫千红春满园，我觉得中国需要更多优秀的科技企业。因为只有这样的携手同行，才能把中国科技推向新的高度。"

小米在成立初期，一改传统销售模式，采用电商销售创新模式，很快席卷了国内市场。华为在那时看到小米的崛起，认为小米是强劲的竞争对手，迅速反应成立了荣耀与之抗衡，争夺智能手机低端市场。就这样，荣耀和小米，开启了"相爱相杀"的竞争模式。雷军在2018年的全球DXOMARK手机影像测评表示要"干翻"华为的相机系统。在2019年11月5日的小米手机和手表新品发布会上，发布的全球首款1亿像素的手机小米CC9 Pro，在全球DXOMARK手机影像测评中获得121分的成绩，和华为的Mate 30 Pro并列第一。

正是这种你追我赶的过程，让彼此成为对方的参照目标，不仅是一种前进的动力，还能摸清前进的方向。雷军曾表示，拥有华为这样的友商是小米最大的幸运。他认为："最懂你的

华 为 干 法：
华 为 干 事 业 的 5 2 条 细 则

人肯定是友商,最爱你的人也是友商。我们和友商携手同行,相爱相杀。"

不管是员工、客户还是竞争对手的态度,从正面到侧面,从内到外,都能看出华为文化的强劲生命力。正是这强大的生命力,让华为19万多员工能团结一心为华为工作,让全球客户信任华为服务,让竞争对手以华为为目标共同进步。这就是华为精神,华为的魅力所在。

第八章

文化: 精神堡垒要稳固

华为干法：
华为干事业的
52条细则

HUAWEI

后 记

人为什么要工作？

日本泡沫经济时代，全社会焦虑弥漫。在"丧文化"漂洋过海传到中国时，人们了解到了一个广泛的群体——废宅。基于这一时代背景的这一群体开始质疑，我们工作的意义到底是什么？

日本著名实业家稻盛和夫称，日本迎来了一个没有方向的时代。人们陷入混沌，找不到前进的方向。正是如此，有关工作的认知，开始变得混乱。人们回避工作，渴望暴富。

在中国，一个火爆2020年的词汇是"打工人"。这一戏谑而自嘲的词语背后，或许隐隐带有对工作的质疑。有人恐惧工作，甚至认为"上班如上坟"；有人厌恶工作，认为自己不过是被剥削的廉价劳动力；有人不得不工作，因为要温饱要吃饭。人的一生与工作打交道最多，在工作中学习到的东西最多。但有关工作的定义，却逐渐变得负面。由此，不断有人发问，人为什么要工作？

2009年，稻盛和夫在《干法》一书中，对这一问题给出了自己的答案：难得来这世上走一回，你的人生真的有价值吗？虽然有关价值，不同的人有不同的定义。但对许多人而言，工作确实是实现自我价值的有效途径。

华为人说，干一行，爱一行，专一行。他们将工作视为自己的事业，并为之持续不断地奋斗。这是一件很有趣的事情，也是一个很值得研究的现象。当企业能做到真正以奋斗者为本，那么奋斗者便不会辜负企业的付出。正因如此，许多华为人相信，公司绝不会亏待自己。

华 为 干 法：
华 为 干 事 业 的 5 2 条 细 则

创作本书时，我们用不少笔墨提及了人本原则。无论采取何种方式研究华为，人本都是绕不开的话题。甚至可以说，在很大程度上人本原则是华为之所以成为华为的关键因素之一。

企业都羡慕华为集聚了这样一群人。他们具有狼性精神，不达目的绝不轻易放弃；他们具有合作精神，胜则举杯相庆，败则拼死相救；他们奉行自我批判，认为从泥坑里爬出来的是圣人；他们愈挫愈勇，坚信烧不死的鸟是凤凰。华为为何能够集聚这样一群人？实际上，这还与华为的工作机制紧密相关。无论是新人转正的答辩制度，还是干部的轮岗制度，或者是末位淘汰制，都为保持华为精神的纯粹性奠定了重要基础。

人性本就具有弱点。因此，并不是说华为人天生具有超强战斗力，总是能对工作散发出持续不断的热情。毕竟华为心声社区上，也有部分人吐槽工作。但华为确实通过各项措施锻炼出了使命必达的团队。与许多人正常的职场环境不同，华为人是真正在战斗。比如，2006年，华为到索马里拓展业务。当时索马里战乱，华为职工到达索马里时，是由客户持枪护送到达站点。2007年左右，华为员工在巴格达工作。当时枪战、爆炸、绑架层出不穷，华为一位职工正在房间开电话会议，一枚流弹直接打中他的阳台。在那段特殊的年代，华为人就是这样工作的。

在创作过程中，我们数次感叹于华为人的职业精神，也致力于将这一职业化的工作法传递给读者。但是，我们并非

后 记

在提倡读者为了工作舍生忘死，希望不要误解我们的意图。

  我们必须肯定工作的正面价值，正确理解工作的含义。工作并非是囚禁我们的锁链，而是助力我们充实自我价值的武器。正如稻盛和夫所言，工作隐藏着一种伟大的力量。它帮助我们战胜命运中的困难，给人生带来光明和希望。

  写至此处，已近尾声。最后，我们仍要强调的是，创作这本书的目的，是在唤起大家对工作热爱的基础上，给予一个方法论的指导。既然大多数人生来就无法逃避工作，那为何不采取更加科学有效的方式去完成工作呢？既然人人都要利用工作维持生活，那为何不选择通过学习以不断晋升、赚钱，过上更好的生活呢？

  我们诚心希望各位读者能够从实际出发，认清现实，并选择适合自己的方法论以更好地工作。

华 为 干 法：
华 为 干 事 业 的 ５ ２ 条 细 则